国家自然科学基金项目
(项目编号：41461114)

U0517591

中国旅游专业化
与经济增长关系研究

何昭丽 ● 著

ZHONGGUO LVYOU
ZHUANYEHUA
YU
JINGJI ZENGZHANG
GUANXI YANJIU

中国财经出版传媒集团
经济科学出版社
Economic Science Press

图书在版编目（CIP）数据

中国旅游专业化与经济增长关系研究/何昭丽著.
—北京：经济科学出版社，2018.12
ISBN 978 - 7 - 5218 - 0082 - 1

Ⅰ.①中… Ⅱ.①何… Ⅲ.①旅游业发展 - 关系 -
经济增长 - 研究 - 中国 Ⅳ.①F592.3②F124.1

中国版本图书馆 CIP 数据核字（2018）第 289897 号

责任编辑：刘　莎　朱闰琪
责任校对：郑淑艳
责任印制：邱　天

中国旅游专业化与经济增长关系研究
何昭丽　著
经济科学出版社出版、发行　新华书店经销
社址：北京市海淀区阜成路甲 28 号　邮编：100142
总编部电话：010 - 88191217　发行部电话：010 - 88191522
网址：www. esp. com. cn
电子邮件：esp@ esp. com. cn
天猫网店：经济科学出版社旗舰店
网址：http：//jjkxcbs. tmall. com
固安华明印业有限公司印装
710×1000　16 开　12.25 印张　200000 字
2018 年 12 月第 1 版　2018 年 12 月第 1 次印刷
ISBN 978 - 7 - 5218 - 0082 - 1　定价：49.00 元
（图书出现印装问题，本社负责调换。电话：010 - 88191510）
（版权所有　侵权必究　打击盗版　举报热线：010 - 88191661
QQ：2242791300　营销中心电话：010 - 88191537
电子邮箱：dbts@ esp. com. cn）

前　言

随着世界经济的快速发展，人均收入不断增加，旅游业迎来了发展的大好时机。大量的研究证实了旅游业在拉动内需、扩大就业、吸引外汇、促进就业等方面对经济的积极作用，旅游对经济增长的正向作用也被普遍关注；但也有部分学者关注到旅游业的逐渐壮大对经济发展带来的负面效应，如生态环境破坏、文化价值失真等。旅游研究的新主题相应而生，如生态旅游、低碳旅游、可持续旅游等。但是这些研究主要是从环境学、社会学的角度出发，从经济学角度研究旅游对经济发展负向作用的研究较少。

事实上经济增长的要素众多，在考虑旅游作为经济增长的推动因素外，同时还需考虑旅游专业化程度提高所存在的外部性及机会成本问题。从产业关联及乘数效应看旅游业发展会带动一批产业的发展，同时从"挤出效应"看，旅游业的专业化程度提高可能会挤压工业发展的空间，而工业发展是促进现阶段中国经济发展的重要手段，中国经济发展仍将依靠工业发展的大力推动；并且旅游业专业化对技术创新、物价水平等的负面影响存在性也亟待深入探究，因为随着旅游业的快速发展造成的荷兰病效应、挤出效应等将可能导致旅游资源诅咒问题。基于这样的背景，笔者试图从国家层面分析旅游专业化（单维度）与经济增长的关系，从新疆区域层面分析旅游专业化（多维度）与经济增长的关系入手，从而更全面地剖析旅游与经济增长的关系，明晰传导因素、影响机制，为产业政策提供一定的研究基础。

本书主要是基于本人主持的国家自然科学基金项目（41461114）对旅游专业化水平测度并分析其与区域经济增长关系的研究。主要目的在于全面剖析旅游专业化的内涵、对旅游专业化水平进行测度、分析旅游专业化与区域经济增长之间的曲线关系或门槛值的存在性、研究区域旅游专业化对经济增长的影响、探析旅游专业化的合理程度及方向，这些研究十分必要且迫在眉睫。基于以上研究可以更理性、更准确地判断中国是否应该提升旅游专业化程度，并着重分析了中国新疆地区的旅游专业化问题；诊断目前我国以从上到下"大兴旅游""建成重要入境旅游目的地"等方式促进经济的政策合理性；为国家、区域提供制定短期或长期的旅游发展规划的依据；为区域制定因地制宜的旅游发展政策提供可行性建议，目的是实现旅游资源的有效开发与区域可持续发展。

衷心感谢我的博士导师孙慧教授从本书的写作立意到成书的整个过程中给予的指导、启发。感谢中山大学的左冰老师、李军老师和上海商学院的钟伟老师，感谢他们在第一次中山大学博士训练营时给我的建议。感谢中国财经出版传媒集团经济科学出版社的张庆杰编审及各位编辑，他们在本书的出版中付出了艰辛的劳动。感谢在撰写过程中提供各种帮助的同仁李建军、吕岩威、刘媛媛、朱俏俏、邓晓乐。感谢我的硕士研究生侯静、赵艾红、米雪、喻凯睿、曾敏、李英明对本书成稿的投入。对他们每一位，我想说一句：感谢各位，遥致谢忱！

何昭丽

于南京财经大学

摘　　要

　　基于一些国家旅游专业化程度过高导致的去工业化背景和中国大兴旅游的现状，以及旅游专业化程度对经济发展的影响作用的理论和实证分歧，有必要更深入地探讨旅游专业化与经济增长的关系。本书以消费理论、资源诅咒理论、一般均衡理论为基础，构建理论框架，提出旅游专业化与经济增长具有倒 U 型曲线关系的假说，并对中国案例进行实证分析。

　　本书的研究目标是描述、测量旅游专业化与经济增长的关系及作用机制。首先，通过理论分析总结出旅游专业化对经济增长影响的净效应为旅游的收入效应与资源转移效应的均衡结果。当旅游收入效应大于资源转移效应时，净效应为祝福效应，反之为诅咒效应，并提出了二者具有倒 U 型曲线关系的假说。其次，以省为基本分析单位、使用面板数据描述、测量旅游专业化对经济增长规模及速度的影响，并通过逐步加入控制变量的方法检验结论的稳健性；同时，对旅游专业化与经济增长关系的区域差异进行对比研究。最后，使用面板数据估计旅游专业化对经济增长的传导效应，目的是找出对旅游专业化与经济增长具有重要传导作用的因素及其传导方向，以期为推延旅游诅咒现象并实现旅游的祝福效应最大化提供决策依据。经过系统研究，本书得出如下主要结论：

　　（1）揭示旅游专业化与经济增长规模的总体关系表现为倒 U 型曲线关系，证实本书关于旅游专业化与经济增长倒 U 型曲线关系的假说。研究得出，在中国总体层面，旅游专业化程度在小于拐点值时，收入效应大于资源转移效应，净效应为旅游祝福效应；当旅游专业化程度超过拐点值时，资源转移效应大于收入效应，净效应为旅游诅咒效应，提出了旅游祝福与旅游诅咒两效应的分界标准。

（2）揭示旅游专业化与经济增长速度的中国总体关系表现为倒 U 型曲线关系。在经典的内生经济增长模型基础上，以旅游专业化为自变量、以物质资本投资、人力资本投资、科技创新投入、对外开放度、制造业发展、基础设施建设、产业结构、政府干预等为控制变量，运用面板数据模型进行实证分析，最终得出中国省际层面旅游专业化与经济增长速度存在倒 U 型曲线关系。随着要素投入的增加，拐点值变大，其中除科技创新投入使拐点值有所下降外，其余要素均促使拐点值上升，表明大部分要素投入对提高旅游专业化程度有促进作用。

（3）发现旅游专业化对经济增长速度的阈值小于对经济增长规模的阈值。通过分析发现，中国旅游专业化对经济增长速度的拐点值小于增长规模影响的拐点值。从增长速度和增长规模看，目前，中国的旅游专业化程度均小于阈值，即中国的旅游收入效应与资源转移效应的均衡结果表现为祝福效应。

（4）旅游专业化与经济增长关系的东西部差异较大。东部与西部的旅游专业化与经济增长规模、经济增长速度之间同全国一样表现为倒 U 型曲线关系。但对于经济增长规模和经济增长速度的曲线拐点值差异都较大，东部比西部均超出 5 个百分点左右，这就说明东部的旅游专业化最佳阈值大于西部，在 1999～2015 年期间，东部、西部的旅游专业化均值、最大值均远小于阈值，旅游专业化在东部和西部都具有较大的提升空间，东部相对西部空间更大。

（5）旅游专业化与全国省际层面的传导要素回归分析系数显著性差。东部、西部的回归结果显著性强，表明传导效应较明晰。东部旅游专业化程度提高对人力资本投资、基础设施、产业结构、政府干预、居民消费价格指数等 5 个传导要素具有促进作用；对制造业发展传导要素具有抑制作用。西部旅游专业化程度提高对科技创新投入、基础设施、产业结构、政府干预等 4 个传导要素具有促进作用；对人力资本投资、物质资本投资、对外开放度等 3 个传导要素具有抑制作用。上述情况表明旅游专业化发展应分区域差别对待，应将旅游专业化程度控制在合理阈值内，东部发展旅游业的同时要注意对制造业的挤出效应，西部发展旅游业的同时要注意对人力资本的挤出效应。

（6）从时间变化角度看，2016 年新疆旅游专业化发展是在波动中变化的，并且其相对差异与绝对差异都有缓慢上升的趋势，表明新疆旅游专业化发展不平衡的状况依旧存在并呈现逐年缓慢扩大的趋势。在空间上，新疆旅游专业化发展大致呈现向东北方向偏移的态势，且往东偏移距离更大，表明新疆旅游专业化发展不仅在南北方向上有差距，东西方向上发展更不均衡。除南疆外，其他地州市旅游专业化发展趋于平稳，地区差距逐年缩小，但南北疆差距却逐年凸显。通过面板回归分析旅游资源禀赋、旅游接待能力、交通通达性、地区经济发展状况、旅游服务水平及政府干预程度6方面的因素对新疆旅游专业化影响，得出旅游资源禀赋、旅游接待能力和地区经济发展水平对旅游专业化的影响较大，其中旅游资源禀赋、旅游接待能力、交通通达性对旅游专业化发展有促进作用。而旅游服务水平和政府干预程度对旅游专业化的发展影响则不甚显著。

（7）新疆旅游专业化与经济增长总体呈倒U型曲线关系。新疆旅游专业化广度、旅游专业化质量、旅游专业化人力投入效率、旅游专业化物力投入效率与经济增长规模呈非线性的倒U型曲线关系，新疆旅游专业化深度与经济增长规模之间呈U型曲线关系；新疆旅游专业化广度、旅游专业化质量、旅游专业化物力投入效率与经济增长速度之间存在倒U型曲线关系，新疆旅游专业化深度与旅游专业化人力投入效率与经济增长速度之间存在U型曲线关系。

（8）总体来看，新疆旅游投资变化轨迹与旅游经济较为一致。第一，旅游经济重心演化表现为小幅度向北迁移的趋势，说明新疆旅游经济在南北方向上存在一定差异；基础设施投资重心先向西南继而向东北方向迁移，最终与2000年重心重合，这种变化趋势说明全疆基础设施建设正在逐步完善，差距正在逐步缩小；旅游投资重心先向北随后向西南方向迁移，说明新疆旅游投资不仅在南北方向而且在东西方向上存在非均衡性。第二，旅游经济对基础设施投资呈正响应，这表明基础设施投资对旅游投资有着一定的推动作用，但随着时间推移这种推动作用逐渐趋于平缓，这可能是由于长期内基础设施投资并不足以产生持续的旅游吸引力以增加旅游收入。旅游经济对旅游投资在一定滞后期后呈正响应，这说明旅游投资对旅游经济发展也有显著推动作用，但这种推动作用存在一定滞后期，随着时间的推移，这种推动作用逐渐增强。第三，格兰杰因果检验显示，旅游经济与基础设施投资之间存在单向因果关系，基础设施投资能够引起旅游经济的变化，但旅游经济不能引起基础设施投资的变化；旅游经济与旅游投资之间存在双向因果关系，这种关系说明加大旅游投资在一定程度上能够促进旅游经济增长，反之旅游经济增长也在一定程度上带动了旅游投资。

目　　录

第 1 章

绪　　论

1.1　研究背景与意义

1.1.1　选题背景

1.1.1.1　旅游对经济增长的正向作用被普遍关注

随着世界经济的快速发展，人均收入不断增加，旅游业迎来了发展的大好时机。旅游业的欣欣向荣不仅直接推动经济增长，而且还间接推动经济增长，加快货币回笼、增加经济活力、促进产业结构调整。目前由于旅游业的"无烟"属性、旅游业的"低成本高回报"及旅游活动的"愉悦"性等众多因素，旅游业发展迅猛，已然成为全球最大的一种经济产业。有关资料显示，自 20 世纪 60 年代以来，全球旅游业的增长率均值达 7% 以上，即使受 20 世纪 90 年代中期的经济危机影响，其增长速度也维持在 4% 左右。在 1994 年旅游业创利超 3 亿美元，2009 年全球旅游实现收益 7.1 万亿美元，相当于全球生产总值的 11.7%。旅游业共计实现税收 1.4 万亿美元，占全球税收总额的 12.7%；旅游就业总人数为 3.95 亿人，占世界就业总人数的 13.6%。在世界范围内，旅游消费成为居民的主要消费之一，其消费支出占总消费额的 16%，仅次于食品消费。我国的旅游发展也取得了丰硕成果。中国的入境旅游者过夜人次由 1980 年的 350 万人次增加到 2011 年的 5758 万人次，入境旅游人次排名由第 18 位上升为第 3 位；国际旅游外汇收入由 1980 年的 6 亿美元提高到 2011 年的 484 亿美元，排名由世界第 34 位上升至第 4 位。[1]据世界旅游理事会报告的分析预测，中国的国内旅游业总收入将在 2017 年达到近 154 亿美元，年平均增幅为 8.7%，其中旅游业直接经济效益将为 3328 亿美元，间接带动效应巨大，将创造 1.38 亿美元的国民生产总值。照此发展速度，中国将成为世界第一大的入境旅游市场、国内旅游市场。并且中国的入境旅游业、国内旅游业发展迅猛，旅游业增加值将占国内生产总值的 5% 以上，旅游业似乎将成为名副其实的国民经济战略性支柱产业。

旅游业快速发展是时代潮流的产物，且有越来越快的发展趋势。因为现代社会人们的可支配收入及可支配时间都大大增加，且人们对美的追求，对精神文明享受的渴望也日渐增加，人们进行旅游活动的充分性及必要性都得到了满足，因此旅游业的发展有渐渐壮大之势。研究未来学的知名学家格雷厄姆·莫利托早在 1999 年时就在英国《经济学家》杂志上发表的《下一个千年：推动经济增长的五大引擎》中指出，到 2015 年人类将完成信息时代的巅峰期而进入新的休闲时代："休闲经济将给人以崭新的生活态度，使人变得乐观，让人热爱生活和休闲活动。也许人们不购买实物，但人们购买经历：提供新奇场景和探险拓展的行业将更加繁荣发展。"有学者认为，包括旅游在内的休闲业占据工业社会的比例将会日渐增加，并迅速发展为支柱产业。将来休闲经济将可能成为国民经济的独立增长因素之一。[2]根据闲暇的"闲而优效应""闲中学效应"原理，旅游作为一种闲暇活动，其对人力资本、物质资本、技术效率的提升都大有裨益，学者魏翔建议利用旅游业的良好发展态势，通过在旅游休闲行业的"弹性工作制"提升经济效率、缓解就业紧张。[3]

大量的研究证实了旅游业在拉动内需、扩大就业、吸引外汇、促进就业等方面对经济的积极作用。鉴于旅游业对经济增长的直接、间接拉动，对就业的乘数效应等，中国多个省区市在发展规划中将旅游业列为支柱产业进行培养、发展。

但也有部分学者关注到旅游业的逐渐壮大对经济发展带来的负面效应，如生态环境破坏、文化价值失真等。旅游研究的新主题相应而生，如生态旅游、低碳旅游、可持续旅游等。但是这些研究主要是从环境学、社会学的角度出发，从经济学角度研究旅游对经济发展负向作用的研究较少。事实上经济增长的要素众多，在考虑旅游作为经济增长的推动因素的同时，还需考虑旅游专业化程度提高①所存在的外部性及机会成本问题。从产业关联及乘数效应看旅游业发展会带动一批产业的发展，同时从"挤出效应"看，旅游业的专业化程度提高可能会挤压工业发展的空间，而工业发展是促进现阶段中国经济发展的重要手段，中国经济发展仍将依靠工业发展的大力推动；并且旅游业专业化对技术创新、物价水平等的负面影响的存在性也亟待深入探究，因为随着旅游业的快速发展造成的荷兰病效应、挤出效应等将可能导致旅游资源诅咒问题。下面将对近年来国内外旅游业发展带来的现实问题进行分析。

1.1.1.2　旅游专业化程度高导致去工业化现象

一些欧盟国家因欧债危机导致经济发展受损严重，使旅游发展去工业化现象凸显出来。因为"去工业化"是导致欧洲陷入危机不能自拔的一个主要原因。[4]工业实力弱的国家更容易陷入危机，如西班牙、希腊、葡萄牙及爱尔兰等国。这些国家的主要特点是经济发展主要依靠劳动密集型产业推动，工业却十分薄弱，因服务业占比过高导致"去工业化"现象。具体分析如下：

以第一个受危机影响倒下的希腊为例。希腊债务危机最根本的原因是其国际竞争力差，经济主体并非为工业经济，而是以旅游业为主要支撑。金融危机的全面爆发，导致世界各国的出游人数大量减少，这对以旅游为经济命脉的希腊造成很大冲击，且希腊的进口大于出口，为长期贸易逆差，出口产品以初级加工产品为主，高科技产品缺乏。希腊的资源配置极不合理，为了大力发展旅游业和航运业两大支柱产业，希腊加大了对旅游业及其相关的房地产的投资力度，并且投资规模过大，超过自身承受能力，导致负债增加。截至 2010 年，希腊的债务总量已达到 3286 亿欧元，占 GDP 的 142%。以 2010 年为例，以旅游业为代表的服务业在 GDP 中的占比达 52.57%，其中旅游业占比大于 20%，而工业和农业占比分别为 14.62%、3.27%，远小于旅游业占比。旅游业作为希腊的主体经济，其快速发展反过来对工业进一步形成挤出效应，使希腊过早"去工业化"，因为工业化时间短，且受自然资源条件所限，所以其产业结构不尽合理，工业制品主要依赖于进口，其低附加值的产品出口竞争力受到亚洲新兴国家的削弱，导致贸易赤字增加。在诸多

---

① 旅游专业化主要用来反映一国或地区的旅游业发展水平，其通常采用旅游收入占 GDP 的比重来衡量。

因素的共同作用下，希腊在受到外部冲击时经济严重恶化。

意大利以出口加工品和房地产拉动经济发展，因此在危机面前力不从心。意大利的出口加工占 GDP 的 70%，且以中小企业为主力军。这种依靠出口拉动的经济发展模式极易受到外界环境的影响。如金融危机爆发对意大利的出口制造业、旅游业形成巨大打击，且其经济复苏依赖于其主要贸易国的复苏进程。随着世界经济的全球化和各国竞争力的提高，意大利的竞争优势逐渐减小，经济增长速度变缓。

西班牙和爱尔兰经济以房地产和建筑投资拉动为主，这对其经济本身形成致命缺陷。西班牙的三大支柱产业是汽车制造业、建筑业及旅游业。2007年，西班牙的失业率从两位数降到个位数 8.3%，因受金融危机影响，房地产的泡沫破灭，西班牙失业率又重回到 20% 以上。同时金融危机导致入境旅游者减少，对旅游业的发展造成严重打击。爱尔兰的经济增长速度一直名列前茅，但其经济主要靠房地产拉动，受金融危机影响较大。

葡萄牙工业基础薄弱，主要依靠服务业推动发展。在 2010 年时葡萄牙的第一产业只创造了 2.38% 的增加值，工业创造了 23.51% 的增加值，以旅游为主的服务业则创造了 74.1% 的增加值。葡萄牙温和的地中海式气候、延绵的海岸线等得天独厚的自然环境为旅游业的发展打下了坚实基础。因为意识到对旅游业过度依赖的风险，葡萄牙正积极进行经济结构转型，努力发展高新技术产业。

上述国家危机发生前的服务业和地产业发展势头迅猛，与旅游业的繁荣有密切关系。因为大量外地旅游者的涌入增加了餐饮和住宿的需求，造成旅游地产、相关服务业的虚假繁荣，使得大量资金投向消费性服务业，从而使得工业发展转型升级面临更大挑战。总体来看，受金融危机、欧债危机影响较大的几个国家都存在经济过度依赖于劳动密集型的出口制造业和旅游业的问题，实体经济空心化现象严重。随着贸易全球化的发展，这些国家丧失了劳动力的竞争优势，旅游业发展受到影响，工业发展又落后，导致产业结构不能及时调整，从而难以应对经济危机。这一现象被学者认为是"荷兰病"（the dutch disease）效应。如哈维尔（Javier，2005）对西班牙旅游和经济发展关系的研究发现，尽管西班牙凭借得天独厚的旅游资源，发展成为世界第一大旅游目的地国家，但因其经济对旅游业的过度依赖，旅游业发展占据了大量土地、劳动力、资金等生产要素，制约了西班牙其他产业的发展，造成其经济长期增长缓慢，远落后于欧盟其他国家，西班牙被认为患上了因过度依赖旅游业引起的"荷兰病"。[5]

中国一些旅游城市也存在过度依赖旅游业发展的现象，如三亚、黄山、张家界等市。这些旅游城市工业发展落后，旅游业在经济中占比较高。如三亚旅游收入占到经济总量的60%左右。三亚充分发挥旅游业发展的优势，实现了以旅游业为引领的跨越式发展，直接跨越了工业化的常规进程。由于三亚的市场需求主要依托于外来旅游者，旅游地产也主要由外地人购买，其工业基础薄弱，生产性服务业发展迟缓，而以外来旅游消费服务业为主导，但旅游业又缺乏生产性服务业的支撑。其发展中不断暴露出一系列问题，值得学者及政府部门重视。

一些学者已关注到在城市层面上旅游收入占GDP比重越高，人均GDP相对越低，这与国外的人口规模小而旅游专业化程度高有利于经济发展的论断不一致，其原因可能是旅游业高度发展的影响，导致经济增长规模与增长效率的差异。因为中国旅游发展的粗放、低效率方式，其取代制造业而成为城市经济发展的主导增长力量时，对城市的经济增长速度是不利的。关于省际层面是否也存在类似旅游业占比越高经济增长速度越慢的问题的研究还不足，因此迫切需要开展相关研究，以对中国各省"大兴旅游"的发展政策进行把脉诊断。

1.1.1.3　旅游专业化成为旅游与经济增长关系的争论焦点

学者采用不同的计量方法针对不同的样本研究旅游与经济增长的关系，但对旅游与经济增长之间到底是具有怎样的关系还未有统一定论，且大多都是基于方法学讨论旅游与经济增长之间的关系，缺乏深入的理论研究。兰扎和皮利亚鲁（Lanza & Pigliaru，2000）从"旅游专业化"的角度，运用卢卡斯内生增长模型对旅游和经济增长关系的研究则是相关理论的新突破。[6]因此，"旅游专业化"是否作为撬动"旅游与经济增长关系"的杠杆，已经成为学术界的关注焦点。

旅游专业化主要用来反映一国或地区的旅游业发展水平，其通常采用旅游收入占GDP的比重来衡量。[7]旅游专业化对经济增长影响的研究集中在两个方面，一是旅游专业化发展能否促进专业化国家的经济增长；二是旅游专业化国家经济快速增长的原因及其与国家规模之间的关系。

兰扎和坦普尔（Lanza & Temple，2003）等人首次运用 13 个经合组织国家 1977 ～ 1992 年的面板数据，结合卢卡斯的经济增长模型和计量经济学方法，对旅游与经济增长之间的关系提出了质疑。他们认为，从长远来看一个国家的旅游专业化是不损害经济增长的。[8]

有很多研究发现，旅游专业化有利于其国家的经济增长，且增长高于非旅游专业化的国家，也有部分研究显示旅游无益于其国家的经济增长，且会使国家更贫困。布罗和兰扎（Brau & Lanza，2007）等人以 143 个国家 1980 ～ 2003 年的数据为样本，按照小国家、经济合作与发展组织的成员国、产油国和旅游专业化国家和非旅游专业化国家的分类，应用横截面分析显示当小国专业于旅游发展会使经济增长更快，旅游专业化有益于经济增长。[9]塞凯拉等（Sequeira et al.，2007）利用动态面板模型探讨了旅游专业化对经济增长的影响，也认为旅游专业化国家的经济增长率确实较高。[10]霍尔茨纳（Holzner，2011）对 134 个国家运用面板模型显示旅游专业化的国家经济发展更快，且其工人阶级有更高的教育层次；旅游对于国家总输出有积极影响。霍尔茨纳（2011）的研究更重要的意义在于其控制初始产出水平、人力资本、物质资本的影响后，旅游专业化较高的国家仍具有较高的经济增长率、投资率、中等学校入学率、对外开放度和税收，反映了旅游不仅作为一个产业部门直接促进经济增长同时还通过对物质资本、人力资本的提升来间接促进经济增长。[11]

保罗和劳拉以 150 个国家 1980 ～ 2005 年的数据为样本，得出旅游专业化国家的经济增长率并不一定比非旅游专业化国家的经济增长率高，这个结论与布罗（2007）的结论相反。阿达穆和克莱里季斯（Adamou & Clerides，2010）则认为旅游专业化低于一定的阈值时，旅游专业化越高经济增长率越高，当超过某阈值时，旅游的高度专业化会使旅游对经济增长的贡献变小，直到消失。[12]白和黄（Po & Huang，2008）将 88 个国家按照旅游收入占 GDP 的百分比，即旅游专业化的程度分成三个组，研究显示了旅游和经济增长之间的非线性关系及阈值的存在。当旅游专业化程度低于 4.05% 或高于 4.73% 时，旅游对经济增长有显著的促进作用；当介于两个阈值之间时，旅游导向经济假说（TLG）不成立，此研究证实了旅游专业化对经济增长影响的门槛值的存在。[13]

基于一些国家的旅游专业化程度过高导致的去工业化背景和中国大兴旅游的现状，旅游专业化程度对经济发展的影响作用的理论和实证分歧，以及中国这样地大物博、地区发展差异较大、地区政策迥异，对旅游专业化对经济增长影响的研究非常必要。对于很多现实问题需要我们回答：中国旅游专业化是否有利于经济增长？旅游专业化程度高是否会产生资源诅咒？旅游专业化对经济正向影响是否有阈值？合理阈值为多少？旅游专业化通过何种机制影响经济增长？

1.1.2　研究意义

国际学术界对旅游发展和经济关系的研究可以追溯到半个世纪以前，其研究热度经久不衰，其间学者们尝试用不同理论和方法来解释这个命题。进入 21 世纪以来，学者通过引入新的计量经济学方法使研究有了新进展。学者对"旅游是否对经济增长有促进作用"仍是各持己见，但这种争论的焦点已明显指向"旅游专业化"，即国际上有研究显示这种作用主要取决于一个国家的旅游专业化程度及国家规模。关于旅游专业化的研究在国内还属于一个崭新的课题，一个决定旅游是应该作为独立经济发展还是作为战略支柱产业发展、还是适度发展的课题，一个如何实现旅游资源的有效开发与可持续发展课题。国家"十二五"规划纲要指出要全面发展国内旅游，积极发展入境旅游；国务院起草了《关于加快发展旅游业的意见》；全国多地也将旅游业作为支柱产业来发展。这样大力发展旅游能否如我们所愿地实现对经济增长的促进作用？能否实现区域旅游资源可持续发展？本书的研究意义主要体现在以下几个方面。

1.1.2.1　有助于总结中国旅游专业化与经济增长关系特征

当前国际学者对旅游与经济增长的关系研究聚焦于国家旅游专业化状况。旅游专业化对经济增长影响的研究集中在两个方面：一是旅游专业化发展对国家经济增长的利弊；二是旅游专业化国家经济快速增长的原因及其与国家规模之间的关系。除此之外，十分重要但却很少被学界关注的旅游专业化对其他要素的资源转移效应,如旅游发展对制造业、人力资本等的投资是否有挤出效应的研究。鉴于中国省际层面对旅游专业化与经济增长的研究比较缺乏的现实状况,本书的研究将有助于总结中国旅游专业化与经济增长关系特征,二者关系特征的分析将有助于政府对旅游发展方针政策的制定。

1.1.2.2　有助于揭示旅游专业化影响经济增长的机理

目前,国内关于旅游专业化与经济增长关系的研究比较缺乏,国际上关于二者的关系也只是停留在收入效应角度的关系探讨层面,对于二者关系的机理、传导作用等问题还有待研究。本书根据旅游消费理论、经济增长理论、一般均衡理论,对旅游专业化与经济增长之间的机理、传导因素及作用进行更深入的剖析。有助于为更大程度地发挥旅游的正向作用,减小其资源转移的负向作用并找到突破口。

1.1.2.3　有助于确定中国旅游专业化合理化的阈值

中国有很多省区市将旅游业作为重点发展产业乃至支柱产业发展。但是不同区域有不同的社会、经济、自然环境,旅游专业化是越高越好还是适度为好?本书通过结合如固定资本投资、人力资本状况、对外开放度等有关区域经济要素来分析在综合经济环境下旅游专业化的高度化与合理化,为中国旅游业及其专业化的发展指明方向。根据定性与定量的有关分析为政府制定旅游发展战略及有关政策提出建议。

1.1.2.4　有助于防范旅游业专业化规模不合理对区域经济的负外部性

旅游业发展需要以集聚的形式展开,集聚于旅游景区或旅游中心小镇。[14]因为产业集聚,所以各主体的行为发生相互作用,必然会产生一定的外部效应,因而旅游业的发展具有一定的外部性特征。[15]旅游发展的外部性特征可能表现为旅游目的地物价上涨、去工业化、促进或挤出人力资本投资等。本书将对旅游专业化发展可能存在的外部性特征进行分析,以判断旅游业在综合正外部性与负外部性后对经济增长的均衡效应。分别识别东西部旅游专业化对外部因素作用的程度及差异,基于研究结果提出有针对性的建议以减少不合理的旅游专业化对区域经济的负面影响。

1.2　研究内容与研究结构

1.2.1　研究内容

本书以消费理论、资源诅咒理论、一般均衡理论为基础，构建理论框架，提出旅游专业化与经济增长具有倒 U 型曲线关系的假说，并对中国案例进行实证分析。

本书的研究目标是描述、测量旅游专业化与经济增长的关系及作用机制。首先，通过理论分析总结出旅游专业化对经济增长影响的净效应为旅游的收入效应与资源转移效应的均衡结果。当旅游收入效应大于资源转移效应时，净效应为祝福效应，反之为诅咒效应，并提出了二者具有倒 U 型曲线关系的假说。其次，以省为基本分析单位、使用面板数据描述、测量旅游专业化对经济增长规模及速度的影响，并通过逐步加入控制变量的方法检验结论的稳健性；同时，对旅游专业化与经济增长关系的区域差异进行对比研究。最后，使用面板数据估计旅游专业化对经济增长的传导效应，目的是找出对旅游专业化与经济增长具有重要传导作用的因素及其传导的方向，为推延旅游诅咒现象并实现旅游的祝福效应最大化提供决策依据。

本书致力于探讨在不同阶段的旅游专业化水平变化特征及其机理剖析。将旅游开放度、旅游者占比、人均旅游消费作为表征旅游专业化的广度和深度、专业化效率的三个方面，运用经济学、统计学、旅游学理论及方法来准确刻画新疆区域旅游专业化的实际情况及特征。并分析旅游专业化的演化脉络，全面探测旅游专业化在新疆区域的演化机制、路径及区域差异。对旅游专业化的内涵、特点、产生背景和方式进行了概括和提炼，提出独特见解。目的是了解旅游专业化的特征及其发展规律，为后文研究旅游专业化对经济增长的影响，探悉影响旅游专业化的因素做一定理论铺垫。

实证分析环境、经济要素与旅游专业化对经济的协同影响——以新疆为例。综合考察外贸开放度、外资开放度、人力资本、基础设施、产业结构、城市化、生态环境等因素对旅游专业化与经济增长关系的影响。一方面尝试采用交互变量的方法，分别测算旅游专业化在其他要素影响下对经济的影响状况；另一方面对呈非线性关系的控制变量，采用"面板门槛回归"模型来测算旅游专业化对经济增长影响的门槛值，及从生态环境承载角度、经济发展投入产出角度对旅游专业化的经济影响，从而提高实现旅游产业与其他经济投入要素的耦合程度。

1.2.2　研究结构

本书共分为 10 章：

第 1 章绪论。主要分为选题背景、研究意义、研究内容、研究结构、研究方法、技术路线、理论创新等部分。

第 2 章国内外相关研究综述。首先从收入效应角度对旅游与经济增长的关系、旅游专业化与经济增长关系进行梳理；其次，对旅游发展的资源转移效应及资源诅咒效应研究进行梳理；最后，对旅游收入效应与旅游转移效应的均衡研究进行梳理。并针对上述研究进行文献述评。

第 3 章旅游专业化与经济增长关系的机理研究。首先是对旅游、旅游专业化及经济增长等有关概念进行界定；其次为从消费、乘数效应、收入维度分析旅游对经济增长的收入效应即正向作用，从资源转移维度分析旅游对经济增长的负向作用；最后对旅游的收入效应与资源转移效应均衡理论分析。基于上述理论分析，本章提出如下观点：在中国旅游专业化程度高并非总是经济发展的福音，也未必一定会成为经济发展的诅咒。提出中国旅游专业化与经济增长具有倒 U 型曲线的总体关系的假说。旅游发展犹如一把"双刃剑"，其对经济发展有利与否，关键在于人们是否将旅游专业化控制在合理阈值内，对旅游业的利用与管理是否科学。东部与西部因经济发展模式及区位造成的差异，会导致旅游与其他经济要素的相互作用有差异，可能在东部表现为促进作用，在西部表现为挤出效应，或者情况相反。得出政府的有效调控可以提高旅游专业化对经济增长的正向作用，推延旅游专业化对经济增长由祝福效应变为诅咒效应的拐点到来。

第 4 章旅游专业化与经济增长关系的实证分析。首先介绍了本章运用的实证分析方法——面板数据估计。其次，以实际 GDP 作为被解释变量，以旅游专业化及其二次项、物质资本投资、劳动力投入等作为解释变量，以柯布 – 道格拉斯生产函数为基础构建计量模型，对中国省际层面的旅游专业化与经济增长规模的关系进行实证分析。最后，通过构建面板数据回归模型分析旅游专业化对经济增长速度的影响，以人均 GDP 增长率作为被解释变量，以物质资本投资、人力资本投资、科技创新能力、对外开放度、制造业发展、制度质量等作为控制变量，考察旅游专业化与经济增长速度的关系。验证旅游专业化与经济增长的倒 U 型曲线关系假说。

第 5 章旅游专业化与经济增长关系的区域差异分析。分别研究东部与西部区域旅游专业化对经济增长的不同影响作用及作用程度，通过对比得出区域因地制宜制定旅游专业化程度的标准。

第 6 章旅游专业化对经济增长的传导作用研究。构建旅游专业化对传导因素影响的面板数据回归模型，分别检验旅游专业化对物质资本投资、人力资本投资、科技创新能力、对外开放度、制造业发展、制度质量等潜在传导因素的影响。通过旅游专业化对传导因素的作用及方向进行原因分析并提出在提高旅游专业化时应注意规避的负面影响。

第 7 章新疆旅游专业化的时空变化及影响因素分析。本章对新疆旅游专业化的时空变化进行刻画，并研究了新疆旅游专业化的影响因素。利用极差、变异系数、重心模型及发展程度指数模型对旅游专业化的发展进行了时空上的研究，并利用面板数据中多元线性回归模型对旅游资源禀赋、旅游接待能力、交通通达性、地区经济发展状况、旅游服务水平及政府干预程度对新疆旅游专业化的影响程度进行了分析与解释。

第 8 章新疆旅游专业化与经济增长关系的实证分析。从旅游专业化的广度（TSS）、旅游专业化的深度（TSD）、旅游专业化的质量（TSE）、旅游专业化人力投入效率（TSL）、旅游专业化物力投入效率（TSK）以及旅游专业化的综合指数（TS）6 个方面来探究旅游专业化与经济增长规模之间具体存在何种关系。

第 9 章新疆旅游经济与设施投资关系的时空演变分析。运用重心模型、VAR 模型、格兰杰因果检验等方法，分析了旅游经济与区域基础设施投资、旅游投资的时空演变关系。

第 10 章研究结论、启示与建议及研究方向。根据前文的理论及实证分析的结果，提出旅游专业化是否应该适度发展及如何适度发展的政策建议，这将有助于各区政府对旅游业的正确定位，及更大程度的发挥祝福效应，推延诅咒效应。本章对前 9 章研究的结论作出了归纳总结，并对未来的研究方向作了进一步展望。

具体研究框架如图 1 - 1 所示。

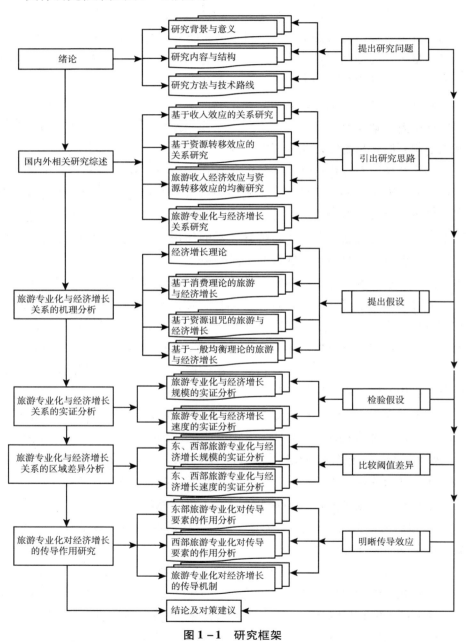

图 1 - 1 研究框架

1.3 研究方法与技术路线

1.3.1 研究方法

1.3.1.1 统计分析法

本书运用统计学的基本原理，对难以量化的经济现象进行统计描述，以简化分析层次，突出分析重点，对旅游专业化、物质资本投资、人力资本投资、科技创新投入、对外开放度、基础设施、产业结构、政府干预等要素设计相关的代理变量，运用现有统计数据，分析、总结旅游专业化与经济增长规模和经济增长速度的关系。

1.3.1.2 面板数据模型估计

本书根据研究对象的需要和计量技术的特点，主要运用静态面板数据模型的计量分析方法，分别估计旅游专业化对经济增长规模、经济增长速度的影响。基于这一方法，还考察了旅游专业化对影响经济增长主要动力因素的传导效应进行计量分析。

1.3.1.3 比较研究法

第一，将东部、西部旅游专业化与经济增长关系进行差异比较；第二，将不同经济要素对旅游专业化与经济关系的作用差异进行对比；第三，将旅游专业化通过不同要素对经济的传导作用进行区域间比较。

1.3.2 技术路线

本书首先对中国旅游专业化与经济增长关系及其区域差异进行分析；其次探索旅游专业化对传导要素的作用差异；最后对旅游专业化通过传导要素对经济增长的影响分析，并根据实证结果提出建议。以此思路作为研究主线，技术路线如图 1 - 2 所示。

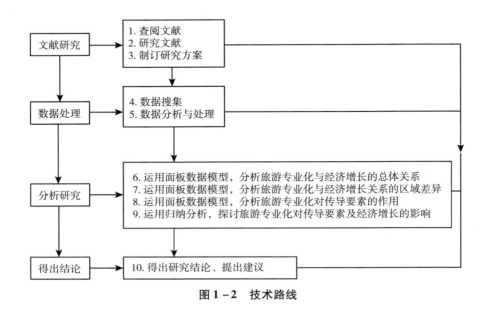

图 1 - 2　技术路线

1.4　本书可能的创新点

（1）揭示旅游专业化与经济增长的总体关系无论是在经济增长规模还是经济增长速度方面都表现为倒 U 型特征，且在全国省际层面和东、西部的区域层面，二者的关系都表现为倒 U 型特征。

（2）提出旅游祝福和旅游诅咒的分界点即旅游专业化的阈值。根据旅游专业化与经济增长关系的倒 U 型曲线特征，当旅游专业化程度小于阈值时，旅游对经济增长的效应表现为祝福效应；当旅游专业化程度大于阈值时，旅游对经济增长的效应表现为诅咒效应。

（3）发现旅游专业化阈值东高西低，旅游专业化程度提升潜力空间均大。东部的负外部性主要表现为对制造业的挤出效应，正外部性主要为对人力资本投资具有促进作用；西部的负外部性为对人力资本的潜在挤出效应，正外部性主要为对科技创新投入具有促进作用。

第 2 章

国内外相关研究综述

　　国内外关于旅游与经济增长关系的研究主要分为三个阶段。第一阶段，旅游对经济增长的收入效应的传统认识；第二阶段，随着资源观的出现，学者开始研究旅游发展对其他产业的资源转移效应，及其对经济增长的影响；第三阶段，学者发现旅游与经济增长的关系更多取决于旅游专业化的程度，进而逐渐转向对旅游专业化与经济增长关系的研究。

　　旅游业的本质是以"资源"作为产品进行销售而获得收入。因此分析旅游对经济的影响至少应该从两个方面来进行分析。一方面，旅游部门销售产品，通过旅游者的消费而获取相应收入，因而具有收入效应；另一方面，旅游以资源为基础进行产业发展时，体现出资源产业的属性，在旅游发展过程中可能对其他产业形成一定的资源转移效应。旅游专业化程度决定着旅游收入效应与资源转移效应的均衡作用，因此本书按照收入效应、资源转移效应、均衡效应、旅游专业化与经济增长关系的思路进行文献综述。

2.1　基于旅游收入效应的关系研究

　　旅游对经济影响的研究始于 19 世纪 90 年代末的西方国家。1899 年意大利统计局的博迪奥（L. Bodio, 2004）在著作《外国人在意大利的移动及其花费》中用统计方法研究了旅游对经济的影响。[16] 直至 20 世纪 60 年代前后，西方国家旅游业的迅猛发展使旅游对经济影响成为研究焦点。因逐渐意识到旅游对经济的巨大影响，中国学者在改革开放后对旅游经济的研究迅速发展。

2.1.1 国外文献综述

2.1.1.1 入境旅游的"出口驱动性"影响经济增长

国际旅游界认为入境旅游是一种变形的出口,因而具有增加外汇,促进经济增长的能力。[17]具体作用路径可以从两方面来分析:一是通过旅游业务的发展,本国在世界市场上的竞争中可以逐渐提高其效率;[18-19]二是入境旅游创收外汇可提高规模经济。[20]但以上"出口驱动"的旅游促进经济假说也存在争议。

加利(Ghali,1976)将旅游作为出口的一部分,运用线性方程模型研究在包含和不包含旅游的情况下,出口对菲律宾个人收入增长的影响。结论显示,如果在出口中不包含旅游,则菲律宾个人收入总量、收入的平均增长率将分别降低17%、14%,证明了旅游作为出口中的重要组成部分对于经济增长有积极贡献。[21]托松(Tosun,1999)则认为入境旅游不能被视作出口驱动型经济增长战略的发动机,[22]因为以土耳其为例的入境旅游的绝对数量对国家经济增长做出了较大贡献,但其相对数却远落后于其他欧洲国家,且其贡献不稳定,易波动。[8]

科尔特斯·西门尼斯和普利纳(Cortes Jimenez & Pulina,2006)认为旅游与传统出口差异较大,不能完全套用出口驱动经济增长理论,因此,其对出口和旅游驱动经济假说进行综合考量,以西班牙和意大利为实证对象进行研究显示:西班牙和意大利的经济增长受出口驱动,而只有西班牙的经济受入境旅游驱动。[23]诺瓦克、萨赫利和科尔特斯·西门尼斯(Nowak,Sahli & Cortés – Jiménez,2007)的研究则发现国际旅游通过增加外汇收入而提高国外资本品进口进而导致经济增长(tourism capital imports to growth,TCIG)假说。[24]

2.1.1.2 旅游驱动经济假说

学术界对旅游与经济增长之间是否有关系及是否有因果关系众说纷纭。但主要分为:旅游驱动经济假说(TLG 或 TLE),经济驱动旅游假说(GLT

或 ELT)，旅游经济双向驱动，旅游与经济无显著关系。

很多学者的研究支持旅游驱动经济假说。如兰扎和皮利亚鲁（2000）对旅游与经济增长关系研究时得出了旅游高度专业化的国家的共同特点：他们都是小国家且其人均收入快速增长。这个想法引起了学术界从计量经济学视角来验证旅游导致经济增长（TLG）假说。[25]巴拉格尔和坎塔韦拉·霍尔达（Balaguer & Cantavella - Jordà，2002），首次以西班牙1975～1997年的数据进行对假说的验证分析，发现旅游和经济增长之间具有协整关系，格兰杰因果检验显示二者具有稳定、明确的因果关系，从而有力支持了TLG假说。[26]此后陆续有对TLG假说进行实证分析的文章发表。如拉梅什（Ramesh，2004）对毛里塔尼亚、京迪兹和哈特米（Gunduz & Hatemi - J.，2005）对土耳其，卡波、列拉·封特及罗塞略·纳达尔（Capó，Riera Font & Rosselló Nadal；2007a）对西班牙，辛格（Singh，2008）以37个小岛屿、卡普兰和切利克（Kaplan & Celik，2008）对土耳其，马哈茂德（Mahmut，2009）对土耳其，纳拉扬和普拉萨德（Narayan & Prasad，2003）对斐济，布里达（Brida，2008）等对乌拉圭和墨西哥的研究表明旅游发展促进了这些国家的经济增长。[27-28-29-30-31-32-33-34]克里斯坦等（Christian et al.，2008）、李（Lee，2008）、普罗恩萨等（Proenca et al.，2008）以及陈和邱（Chen and Chiou - Wei，2009）等通过分别使用传统和动态面板估计、广义自回归条件异方差模型（EGARCH）等技术，也发现了旅游发展促进经济增长的经验证据。[35-36-37-38]

对于旅游驱动经济假说的原因，学者也有实证分析。如尼桑、加林多和门德斯（Nissan，Galindo & Mendez；2011）对丹麦、芬兰、法国、德国、意大利、日本、荷兰、西班牙、瑞典、英国和美国2000～2005年的数据研究显示，旅游支出能使经济增长提高；创业精神和收入对旅游有积极的影响；扩张性的货币政策对旅游有负面影响。[39]马罗库和帕奇（Marrocu & Paci，2011）对199个欧盟15国成员、瑞士和挪威进行地区全要素生产率的研究显示：旅游流能够提高地区的生产效率。因为旅游流作为一个知识扩散的通道，可以使当地公司更好地获取消费者偏好的信息后提高生产效率，进而促进整个地区提高效率。[40]

也有一些学者认为是经济单向促进旅游发展。如吴（Oh，2005）以韩国

1975~2001 年的数据为样本。运用二元模型及格兰杰因果关系得出旅游与经济增长之间不具有长期关系，而且只存在经济与旅游之间的单向因果关系，即经济驱动旅游增长假说（ELT），[41]（韩国的经济总量略高于西班牙，但是旅游占经济的比重要小得多，因而不像西班牙一样支持旅游促进经济（TLG），笔者分析原因可能是因为旅游专业化程度不同而导致）。同样，尼坤（Nigun，2006）对土耳其、李（Lee，2008）对新加坡的研究显示是这些国家的经济增长促进了旅游业的发展。[42-43]

更有一部分学者认为旅游与经济双向驱动。如尼古劳斯（Nikolaos，2004）以希腊 1960~2000 年的数据为样本，运用协整检验、格兰杰因果检验法、误差修正模型等方法，发现了国际旅游和经济增长之间的双向因果关系，认为国际旅游作为出口形式可以促进经济增长。[44]德米勒兹和翁甘（Demiroz & Ongan，2005）以土耳其 1980~2004 年的数据为样本，运用与尼古劳斯（2004）相同的方法，进行分析得出旅游收入和经济增长之间具有双向因果关系。[45]研究显示旅游占经济的比重对旅游与经济增长的关系有着重要影响。基姆等（Kim et al.，2006）采用传统格兰杰检验对中国台湾的研究发现旅游和经济互为因果。[46]哈利勒、马哈茂德和瓦里乌拉（Khalil，Mehmood & Waliullah；2007）研究表明旅游与经济增长具有协整关系及双向因果关系。[47]

而对于同样的案例地也可能有不同的结论：如卡蒂尔乔格鲁（Katircioglu，2009a）对土耳其 1960~2006 年的研究得出结论却与卡普兰和切利克（2008）的截然相反：土耳其旅游和经济增长之间没有任何关系。[48]吴（2005）对韩国的研究显示经济单向驱动旅游，而陈和邱（2009）对韩国的研究却认为旅游和经济互为因果关系；[38]基姆等（2006）对中国台湾的研究发现旅游与经济互为因果关系，[47]而陈和邱（2009）等对中国台湾的研究结论则是只存在旅游对经济增长的单向因果，陈（2009）等认为其结论差异是由于研究方法不同所致，认为其选用的广义自回归条件异方差模型（EGARCH）比 Kim 等选用的传统格兰杰检验更全面的包含了旅游、经济发展的不确定性指标，因而能更准确地判断旅游与经济增长的因果关系。[38]

2.1.1.3　旅游与经济增长关系因分组而异

马丁（Martín et al.，2004）以 21 个拉丁美洲国家 1985~1998 年的面板

数据，进行动态面板广义差分矩阵分析得出旅游导致经济增长的存在性。发现在 7 个高收入国家，旅游对经济的拉动系数高（0.00037），在剩下的 11 个中收入国家和 3 个低收入国家的拉动系数较低（0.00064、0.00063）。[49]李等（Lee et al.，2008）也考虑到异构性的问题，对经合组织和非经合组织国家进行研究得出经合组织国家的旅游与经济增长关系是单向的，非经合组织国家是双向的。[50]恰拉扬等（Caglayan et al.，2012）将 135 个国家分成 11 个组。这项研究的结果表明在欧洲旅游与经济增长间为双向因果关系；在美国和拉丁美洲和加勒比地区呈经济增长和旅游的单向因果关系；在东亚，南亚和大洋洲，呈反方向的因果关系；在亚洲，中东和北非，中亚和撒哈拉以南非洲没有因果关系。桑塔纳·加列戈（Santana – Gallego et al.，2010）将 179 个国家的数据按照收入水平分为三组，研究发现尤其对于中高收入国家通用货币（CC）对于贸易和旅游对经济增长的关系有很大影响。[51]

2.1.1.4 基于旅游乘数理论的旅游经济效应研究

旅游经济效应是旅游对经济影响的另一种表达形式。此类研究始于 20 世纪 70 年代。学者们主要讨论了旅游经济影响的表现和制约因素、旅游经济效应的评价方法等，其中，评价方法是重点。学者们较为一致的看法是旅游的经济影响受多种因素制约，其影响可能是积极的，也可能是消极的（Mathieson & Wall，1982）。[52]但更多的是关于积极的影响，如旅游经济的积极效应，其指旅游消费对旅游目的地经济所产生的各种收益影响，包括旅游收入、旅游就业、旅游目的地经济增长、相关企业收入、相关行业就业、目的地居民生活水平提高、目的地财政收入增加以及旅游收入等。

在早期简单的数学模型时期，学者们主要利用"乘数原理"对旅游的经济影响进行分析。20 世纪 70 年代，阿彻（Archer，1977）对"旅游经济乘数效应"做过实地考察和验证，并得出了积极的结论。[53]马西森和沃尔（Mathieson & Wall，1982）[54]所做的研究都得出了旅游促进了当地经济发展的结论。此后，乘数效应研究更多地集中在旅游产生的收入是如何影响当地经济每个部门的经济效益（Archer & Fletcher，1996）。[55]约翰逊和穆尔（Johnson & Moore，1993）通过对岛屿旅游业的经济效应分析，得出多米加的旅游收入乘数系数为 1.20，香港为 1.02，夏威夷为 0.9 ~ 1.30。[56]

2.1.2　国内文献综述

国内旅游与经济增长关系的研究主要分成以下三类：

第一类是通过相关性来判断的研究，如利用相关系数、灰色关联系数、弹性分析、回归模型等来探讨旅游与经济增长之间的关系。如吴国新、周四军、杨智勇、陶金龙、苏继伟等的有关研究，[57-58-59-60-61]结论均显示旅游业发展对国家或省际经济增长具有正向影响。

第二类为采用国际惯用的计量经济研究方法，即利用 VAR 模型、协整和格兰杰因果检验等对旅游与经济增长之间的关系进行分析。陈友龙运用 Granger 因果检验对中国 1985～2003 年的国家层面数据进行分析，得出该研究期内中国旅游对经济增长的影响大于经济增长对旅游的影响。[62]和红根据中国 1984～2004 年的相关数据，运用脉冲响应和方差分解得出旅游与经济增长有较明显的正向交互响应特征，响应程度在长期状态下比短期状态更显著，因此旅游发展政策应注意长期性和持续性。[63]赵东喜等根据福建 1981～2006 年的数据进行分析得出其国际旅游人数、入境旅游收入、经济增长与对外开放之间具有协整关系，入境旅游收入受经济增长与对外开放的影响程度较大，受其自身及入境旅游人数的影响程度相对较小，入境旅游收入提高对经济增长及对外开放具有正向作用，但有较长滞后期。[64]张伟等根据桂林 1980～2006 年的相关数据研究显示，桂林入境旅游对经济增长存在微弱的正向作用且有较长滞后期，桂林经济增长对入境旅游业无影响。[65]

为了更全面的分析旅游与经济增长之间的关系，有学者从国家级、省际、区域等层面进行了比较研究。如庞丽等对中国 1991～2002 年的相关数据进行分析得出，从全国及区域层面看，入境旅游业只是对中国东部地区经济增长具有影响，对全国和中西部地区经济增长无显著影响。从省际层面来看，只有较少省份入境旅游与经济增长具有显著因果关系，二者的关系省际差异性明显。[66]刘长生运用中国 1990～2006 年的有关个体数据和面板数据进行 VAR 模型、协整分析、格兰杰因果检验，同样对上述三个层面进行了比较研究。从全国层面来看，旅游与经济增长具有长期均衡和双向因果关系，但经济增长对旅游的影响要大于旅游对经济增长的影响。从省际层面看，仅 13 个省份的旅游业和经济增长间具有长期均衡关系，大部分省份具有双向因果关系，但影响程度差异明显。从区域层面来看，旅游与经济增长的因果关系呈现较强的区域差异性。东部发达地区、中部地区、西部地区的旅游与经济都具有双向因果关系，但东部发达地区比中部地区呈现更明显的"经济驱动旅游"，西部地区则为"旅游驱动经济"，东北地区呈"经济增长驱动旅游"的单向因果关系。[67]

从研究角度看，除了对旅游业整体及入境旅游业外，国内旅游也逐渐被部分学者关注。杨勇对 1984~2004 年的国内旅游和经济增长关系的研究显示，国内旅游与经济增长之间不具有长期均衡关系，只有"经济增长对国内旅游的单向因果关系"。[68]屠文雯等运用中国 1994~2005 年的数据研究显示国内旅游、入境旅游与经济增长之间具有长期均衡关系，国内旅游与经济增长间呈现双向因果关系，经济增长对入境旅游为单向因果关系。[69]张丽峰以 1994~2006 年的相关数据对城镇居民国内旅游与经济增长的关系进行研究显示，城镇居民国内旅游消费对 GDP、第三产业的拉动系数分别为 0.79 和 0.85。[70]

第三类为基于旅游乘数的旅游经济效应研究。楚义芳（1992）较为详细地引述了部分国家旅游经济效应的相关研究成果。这是中国国内旅游学术界首次对旅游经济效应进行研究。[71]李天元（2000）在《旅游学概论》一书中对旅游乘数理论进行了专门介绍，指出旅游乘数是用以测定单位旅游消费对旅游接待地区各种经济现象的影响程度的系数。他将旅游乘数分成四种类型：营业额或营业收入乘数、产出乘数、收入乘数、就业乘数。[72]林南枝和陶汉军也对旅游乘数理论进行了论述，认为旅游收入通过分配和再分配的运转，对综合经济的发展存在三个阶段的作用：即直接影响阶段、间接影响阶段、诱导影响阶段。[73-74]一个国家或地区增加一笔旅游收入，就会引起该地区经济的增长，即国民收入总量的增加。旅游收入对国民经济不同侧面的经济影响有：收入乘数、居民收入乘数、就业乘数、政府收入乘数。左冰（2000）在《旅游的经济效应分析》中，以旅游消费需求为视角，运用马克思主义政治经济学理论对旅游经济效应产生的机理进行了分析，并对中国的旅游产出乘数和旅游就业乘数进行测算。[75]

2.2　基于旅游资源转移效应的关系研究

目前从旅游资源转移效应维度对旅游与经济增长关系的研究文献较少，现有主要是针对"荷兰病"（the dutch disease）、"资源诅咒"（resources curse）问题的研究。荷兰病是指某一初级产品部门（如自然资源产业）异常繁荣而导致其他部门（如工业部门）的衰落的现象。"资源诅咒"是经济学的一个经典命题，其含义是自然资源丰裕的国家反而比自然资源相对贫乏的国家经济增长得更慢[76]。自然资源丰裕导致"荷兰病""资源诅咒"效应在经济学的文献中受到大量关注。科登和内亚里（Corden & Neary，1982）最先提出了荷兰病的理论模型，其认为自然资源丰裕易导致不可贸易品的价格上升及对其他产业（制造业）的资源转移效应导致去工业化，从而不利于经济发展。[77]

科普兰（Copeland，1991）对自然资源的荷兰病模型进行了调整，发现小型开放经济体中旅游繁荣，会影响非贸易品的价格，不利于经济增长。[78]

米埃罗和拉莫斯（Mieiro & Ramos，2005）发现澳门因为旅游业的长期繁荣已经初步浮现荷兰病迹象。[79]赵等（Chao et al.，2006）[80]以德国为对象，布莱克等（Blake et al.，2005）[81]以毛里求斯为对象分别研究旅游与工业化的关系，发现了旅游对工业的挤出效应，即旅游因"去工业化"而不利于经济增长。哈维尔·卡波（Javier Capo，2007）关注到旅游业大多是建立在对自然资源开发（山地、沙滩、气候）基础上进行发展的，因此对旅游是否会引发荷兰病进行了理论及实证研究。[82]哈维尔·卡波（2007）以科登（Corden，1984）、内亚里（Neary，1982）和科普兰（Copeland，1991）的荷兰病理论模型为基础，对小型开放经济体中旅游在三部门间如何通过资源转移效应而导致荷兰病的理论分析。通过对西班牙的两个不同地区的实证分析发现了其巴利阿里群岛和加那利群岛因经济严重依赖旅游业发展已经出现荷兰病的迹象。其他学者出于旅游的资源转移效应分析发现旅游繁荣有可能有损地方经济增长。[83-84-85-86]

但也有部分学者同样是从旅游的资源属性出发，研究结论却为旅游业没有荷兰病。肯尼尔（Kenell，2008），开展的研究发现，泰国的旅游业是 GDP 的重要贡献者，但它并没有导致荷兰病。[87]同样，澳门数据表明，尽管旅游在其经济中一直很重要，但其没有荷兰病迹象。[88]

霍尔茨纳（Holzner，2011）认为政府投资对有旅游专业化潜力的地区进行投资时要考虑到不仅为旅游投资，同时也应考虑到对既可以提供给旅游部门同时也可以提供给制造业部门使用的传统基础设施的投资。这可能会降低企业的总体成本，或减小可能带来的实际汇率的扭曲。因此，生产力强的制造业和生产力较低的旅游部门能并存，且两部门都可以比常见的物质资本投资方式产生高于平均水平的收益，即旅游不会产生资源诅咒。[89]

本杰明（Benjamin，2012）提出旅游业与工业之间在发展中国家具有互利关系。其实旅游业对经济（工业）的发展有积极的作用，只是很多学者在分析模型中，加大了某些变量的权重，结果得出旅游业对经济呈现出不利作用的结论。[90]

目前国内学者中，仅见左冰从资源诅咒角度出发来研究旅游繁荣与经济增长关系。左冰采用 1995 ~ 2008 年的省际层面数据，运用横截面模型检验中国旅游业"资源诅咒"的存在性，并初步剖析了其传导效应。研究表明，旅游业繁荣会导致目的地价格水平提升，并通过资本转移效应"挤出"制造业投资而抑制经济增长，引发荷兰病效应；不过旅游业繁荣有利于经济开放度提高，有助于人力资本水平提升，但这种正反馈作用尚未显现出来。[91]

2.3 旅游收入效应与资源转移效应的均衡研究

目前国内外文献中，同时考虑到旅游的收入效应与资源转移效应对旅游繁荣与经济增长关系影响的文献仅有如下几篇：

张等（Chang et al.，2011）运用动态优化的宏观模型揭示了两个旅游发展的程式化事实，即旅游扩张带来的拥塞效应的外部性与海外旅游税收收入产生的财富同时存在，也即旅游收入具有正面和负面两个方面的影响。基于以上两个显著的事实的实证分析表明，如果旅游业税收收入用来回馈于当地居民，由于财富效应，旅游者消费税不能治愈荷兰病。相反，如果旅游业税收收入用来为制造业部门提供生产管理服务，旅游业税收收入可以治愈荷兰病。为了纠正旅游业的拥塞外部性对海外旅游税收收入的扭曲，政府不应该只对旅游消费征收一般税，而应该区分国内和国外旅游消费，并对外国旅游者征收附加税，对一般税和附加税的比例控制也很重要。高效的政府支出可以更强烈地影响资源分配，从而规避旅游资源转移效应带来的不利影响。可将其观点总结为政府的宏观调控（如合理征税）改变均衡结果，可以有效发挥收入效应，规避旅游资源诅咒。[92]

曾道智等（D. Zeng et al.，2011）认为制造业部门在地区和国家经济发展中仍然保持着最重要的角色。[93]在现实中，对制造业形成转移效应是有害的。如果旅游业的自然资源耗尽，令人们担心的是有竞争力的制造业返回就不像它走时那样容易的事实。因此一个地区的政策制定者了解旅游对工业发展的影响：旅游业促进工业化还是去工业化非常重要。他认为当前为数不多的研究旅游发展对工业化发展的文献中存在两点不足：第一，虽然作者探讨旅游经济的一般均衡模型，但他们局限于小型开放经济体的研究，使结果不适用于大的国家，如中国、印度、美国；第二，这些模型不能分析贸易商品的运输成本和关税的影响，因为进口商品的价格是固定的。[94-95-96-97]因此其在新经济地理学（NEG）的框架下，建立了一般均衡模型去揭示旅游业与其他经济领域，尤其是制造业的相互影响。他认为旅游服务业发展会产生收入效应及转移效应。收入效应对工业的发展起正向推动作用，即具有正向的促进作用，但资源转移效应则对工业的发展具有负向的挤出效应。因而，旅游业扩张到底是促进工业化还是去工业化受到外生参数的影响。如果工业产品有足够低的贸易成本，能吸引并满足本国居民的旅游偏好时，大国通过丰裕的旅游资源发展旅游服务业产生的收入效应会超出资源转移效应效果，将小国的资本吸引到大国，使最终的均衡状态时大国的工业企业发展超过其初始状态，成功规避"资源诅咒"陷阱。假设两国居民同时消费本国和外国的旅游产品，则随着居民对旅游产品的支出比例提高，小国的居民福利水平会相对渐渐提高，最后甚至超过大国的居民福利水平。[98]

国内从均衡思想研究旅游收入效应与资源转移效应的为：朱希伟、曾道智建立两国三部门三要素模型（该模型设定两国分别为：南北两国；三部门分别为：制造业、农业、旅游业；三要素分别为：劳动力、资本和旅游资源），探究大国开放背景下，旅游业的扩张对工业发展的影响。研究发现，旅游发展会同时产生收入效应和转移效应。两种效应方向相反，前者对工业发展具有正向促进作用，而后者对工业发展具有负向挤出作用。因此，旅游服务业发展究竟是促工业化还是去工业化与外生参数有关。[99]

钟伟借鉴曾道智的两国三部门三要素的均衡理论，建立面板数据模型，运用固定或随机效应模型研究旅游扩张对城市经济增长规模和速度的影响，并研究了旅游扩张通过物质资本投资、人力资本投入、制造业投入、对外开放、制度质量、科技创新等因素传导对经济增长的影响。[100]

2.4 旅游专业化与经济增长关系的研究

2.4.1 国外文献综述

旅游对经济增长的影响存在收入效应也存在资源转移效应，但其本质为旅游专业化的影响。兰扎和皮利亚鲁（Lanza & Pigliaru，2000b）从"旅游专业化"的角度，运用卢卡斯内生增长模型对旅游和经济增长关系的研究则是相关理论的新突破。[101]因此，"旅游专业化"是否作为撬动"旅游与经济增长关系"的杠杆，已成为学术界的关注焦点。学者们纷纷对旅游专业化与经济增长的关系进行了研究。

旅游专业化主要用来反映一国或地区的旅游业发展水平，其通常采用国际旅游收入占 GDP 的比重来衡量。旅游专业化对经济增长影响的研究集中在两个方面：一是旅游专业化发展能否促进专业化国家的经济增长；二是旅游专业化国家经济快速增长的原因及其与国家规模之间的关系。

兰扎和坦普尔（Lanza & Temple，2003）首次运用 13 个经合组织国家1977～1992 年的面板数据，结合卢卡斯的经济增长模型和计量经济学方法，对旅游与经济增长之间的关系提出了质疑，因旅游行业的效率潜力低于其他行业。尽管如此，他们认为，从长远看，一个国家的旅游专业化发展是不损害经济增长的。[102]

有很多研究发现，旅游专业化有利于其国家的经济增长，且增长率高于非旅游专业化的国家，也有部分研究显示旅游无益于其国家的经济增长，且会使国家更贫困。布罗和兰扎（Brau & Lanza，2007）以143个国家1980～2003年的数据为样本，按照小国家、经济合作与发展组织的成员国、产油国和旅游专业化国家和非旅游专业化国家的分类，应用横截面分析显示当小国专业于旅游发展会使经济增长更快，旅游专业化有益于经济增长。[103]塞凯拉（Sequeira，2008）等利用动态面板模型探讨了旅游专业化对经济增长的影响，也认为旅游专业化国家的经济增长率确实较高。[104]霍尔茨纳（Holzner，2011）对134个国家的运用面板模型显示旅游专业化的国家经济发展更快，且其工人阶级有更高的教育层次；旅游对于国家总输出有积极影响。霍尔茨纳（2011）的研究更重要的意义在于其控制初始产出水平、人力资本、物质资本的影响后，旅游专业化较高的国家仍具有较高的经济增长率、投资率、中等学校入学率、对外开放度和税收。反映了旅游不仅作为一个产业部门直接促进经济增长同时还通过对物质资本、人力资本的提升来间接促进经济增长。[105]保罗和劳拉以150个国家1980～2005年的数据为样本，得出旅游专业化国家的经济增长率并不一定比非旅游专业化国家的经济增长率高，这个结论与布罗（2007）的结论相反。

阿达穆和克莱里季斯（Adamou & Chlorides，2010）则认为旅游专业化低于一定的阈值时，旅游专业化越高经济增长率越高，当超过某阈值时，旅游的高度专业化会使旅游对经济增长的贡献变小，直到消失。[106]白和黄（Po & Huang，2008）将88个国家按照旅游收入占GDP的百分比，即旅游专业化的程度分成三个组，研究显示了旅游和经济增长之间的非线性关系及阈值的存在。当旅游专业化程度低于4.05%或高于4.73%时，旅游对经济增长有显著的促进作用；当介于两个阈值之间时，旅游导向经济假说（TLG）不成立，此研究证实了旅游专业化对经济增长影响的门槛值的存在。[107]

张等（Chang et al.，2009）运用门槛面板模型，对1991～2008年的131个国家的数据进行了旅游专业化与经济增长之间的非线性关系检验，得出模型内生的两个旅游专业化门槛变量：在旅游专业化门槛值为小于14.97%，或处于14.97%与17.5%之间时，旅游发展显著促进经济增长；当旅游专业化门槛值高于17.5%时，旅游专业化与经济增长之间没有显著关系。[108]

学者们对于旅游专业化受国家富裕程度及规模的影响、旅游专业化促进经济增长的原因分析，观点差异较大。布罗（Brau，2003）等认为旅游专业化可作为国家经济传统影响因素之外的另一独立因素，且认为对于规模小的国家，旅游专业化有利于经济增长。布罗（2003）等认为旅游专业化通过改善国家的贸易条件会加快其经济增长。[109]兰扎和皮利亚鲁（2000）认为旅游专业化国家一般都规模较小，且因具有高品位度、高丰度的自然资源，有利于发展旅游专业化，从而促进经济的快速发展。[110]塞凯拉和坎波斯（Sequeria & Campos，2005）将 1980~1999 年 509 个观察值分别按照旅游收入占出口比重与国家富裕程度将样本进行主观分组，运用面板数据分析旅游对经济增长的影响情况，发现其只在非洲国家存在显著贡献；在拉丁美洲国家以及旅游专业化国家（旅游收入占出口比重在 10% 或 20% 以上）中，存在消极影响；其余样本中未发现明显关联效应。[111]菲希尼和维奇（Figini & Vici，2010），按照小型国家、经济合作与发展组织的成员国、产油国的分类进行横截面数据的两组时间样本（1980~1990 年和 1990~2005 年）研究显示：在20 世纪 90 年代以前旅游专业化有助于经济增长，从 90 年代开始二者关系变得较弱。此研究反映旅游专业化与经济增长之间的关系随时间而变动；小型旅游化国家（small tourism countries，STCs）的经济增长率并不一定大于小型非旅游化国家。因此作者不支持通过旅游开发促进经济增长。[112]

2.4.2 国内文献综述

受国外研究的影响，国内也开始有学者关注到旅游专业化对旅游与经济增长关系的影响。如武春友、谢风媛（2010）采用 1997~2007 年中国 31 个省、自治区、直辖市的数据对中国经济增长与入境旅游业发展之间的关系进行了实证研究。以旅游专业化程度（以入境旅游收入占 GDP 的百分比表示）为门限变量时，中国入境旅游发展与经济增长的关系存在门限效应，存在单门限值。当入境旅游收入占 GDP 的比例小于 2.36% 时，入境旅游的发展对经济增长的促进作用并不显著，但是当该比值大于 2.36% 时，中国入境旅游业的发展对经济增长具有显著的正向促进作用。[113]赵磊、毛润泽（2013）采用旅游专业化，即地区旅游发展总收入与 GDP 之比，作为旅游发展的代理变量，运用面板模型验证了中国旅游发展与经济增长具有非线性关系，且发现门槛变量集对中国旅游发展与经济增长关系具有门槛特征。[114]

2.5　研究述评

　　国内外关于旅游与经济增长关系的研究集中在三个方面，传统研究主要集中在旅游收入效应和资源转移效应，而新兴的研究比较前沿的是旅游专业化与经济增长关系的研究。国际研究已取得初步研究成果，其主要观点分为三类：旅游专业化促进经济增长；旅游专业化抑制经济增长；旅游专业化对经济增长的影响存在阈值效应。但是关于中国的旅游专业化与经济增长关系的研究比较缺乏。本章试图瞄准国际前沿，用最新的思路、理念和方法分析中国的旅游专业化与经济增长的关系以及区域差异特征；分析旅游专业化对经济增长的传导效应。本章的研究有助于丰富旅游经济的理论及应用研究，为中国及其区域旅游的合理、适度发展确定标准。

　　鉴于目前文献对于旅游专业化与经济增长的研究还不够深入，本章将从内涵到定量关系及机理进行全面透彻研究。

　　从研究对象的内涵看：目前研究显示旅游专业化对经济增长影响的研究主要是从旅游消费的收入效应角度考虑经济与增长之间的正向关系，鲜有文献从旅游资源角度考虑旅游专业化提高对其他产业要素形成的资源转移效应进行分析。且对旅游业的资源转移效应也仅限于对农业部门和制造业部门的劳动力、资本要素的转移分析，缺乏从整个宏观经济系统的角度来研究。而旅游发展置身于宏观经济环境中，与许多经济要素有着千丝万缕的联系，旅游发展对某些要素存在正向促进作用，对某些要素存在负向抑制作用，其复杂程度远大于荷兰病效应的传导效应。旅游业发展对要素的促进作用加之旅游消费收入效应对经济增长有正向促进作用，旅游业发展对要素的抑制作用加之资源转移效应对经济增长有负向作用。因此要综合考虑旅游专业化对经济增长的影响，还需把旅游与其他相关重要经济增长要素一起纳入统一框架下进行分析，才能得出全面、客观的结论。

　　从研究范畴来看：学者主要关注入境旅游角度的专业化，对国内旅游专业化的研究缺乏深入探讨。从目前旅游业的发展现状来看，很多区域的国内旅游占有更大比重，因此应对国内旅游的发展加以重视，从国际国内全面衡量旅游专业化发展。目前对旅游专业化对资源的转移效应与收入效应研究多针对跨国样本，缺乏对省际层面、区域差异的分析。而中国旅游发展的东西部差异明显，但东、西部对加大旅游发展的力度及对旅游的重视程度却无异，都希望能通过提高旅游收入来促进经济发展，因此摆在我们面前的重要而现实的问题就是，旅游专业化提高对东部、西部地区的发展是否都具有对经济的促进作用？旅游专业化发展是否有阈值？阈值是否有差异？旅游专业化对经济增长的传导效应是否一致？因此有必要分别展开对东部、西部的旅游专业化与经济增长的关系分析、阈值研究、传导效应分析，以此综合研究为基础为政府对旅游发展决策提供建议。

从研究的内容及方法看：多数研究很多是在既定的线性分析思路下，分析旅游专业化与经济增长的关系，对于旅游对经济影响的传导效应缺乏相应研究。本书提出旅游专业化与经济增长的倒 U 型曲线关系假说，通过构建面板数据模型，运用计量方法对曲线关系进行验证，判断旅游专业化对区域经济增长的影响，及传导效应，尤其是对东西部差异分析，为旅游更好的发展制定因地制宜、因时制宜的政策提供建议。

第 3 章

旅游专业化与经济增长关系的机理研究

本章为机理构建部分，分别论述五个方面的问题。首先，对旅游专业化及经济增长的相关概念进行界定；其次，分别从消费理论角度、资源诅咒理论角度、一般均衡理论角度分析旅游与经济增长；最后，构建本章的关系机理图，对旅游专业化影响经济增长的机理进行分析。

3.1 概 念 界 定

3.1.1 旅 游 专 业 化 及 有 关 基 础 概 念

3.1.1.1 旅游专业化

旅游专业化是指旅游业对地区经济发展的影响程度或作用大小。[105] 国际上常用国际旅游收入占 GDP 的比重、旅游总收入占 GDP 的比重来衡量。从衡量方式看旅游专业化与旅游繁荣度、旅游依赖度等同（也有学者将此用以反映旅游资源丰裕度）。

其中，旅游收入是指在某段时间内，旅游目的地通过销售旅游产品而获得的全部旅游收入。旅游收入来源于旅游消费，同时也是旅游经济效应得以形成的基础。按照收入来源划分，旅游收入可分为国内旅游收入和国际旅游收入。

国内旅游收入是指，旅游目的地国家或者地区因经营本国内的旅游业务，为本国旅游者提供旅游产品而获得的本国货币收入。国内旅游收入的来源是本国居民在本国国内的消费支出，是国内各有关生产部门物质及劳动、服务的价值转移和实现，是国内生产总值的组成部分。[115] 国内旅游总收入与国内旅游总花费相等。国际旅游收入是指因经营入境旅游业务而获得的外国货币收入，也被称为旅游外汇收入。国际旅游收入的来源是外国或境外旅游者在旅游目的地的境内旅游消费，是外国的社会财富转移到旅游目的地国家，表现为目的地的国社会价值总量的增加。国际旅游收入等于国际旅游消费扣除国际间交通费及外国旅行商的利润。[116] 旅游总收入为国内旅游收入与国际旅游收入的加总。

3.1.1.2 旅游

什么是旅游？学者出于不同的研究角度和目的对旅游做出了多种不同的定义。不同之处更多地在于对旅游目的认识不一，因而从受教育、提升知识、社会交往、休闲、商务、探亲、度假等目的的角度分别定义。但基本相同的是对旅游的异地性、暂时性的、综合性等要素的认知。

根据本章的研究目的，本章将旅游界定为：人们离开常住地到非惯常环境中进行访问、参观等活动，活动时间小于 12 个月，可以为除了获取报酬以外的任何目的。对于某通常将旅游分为国内旅游、入境旅游及出境旅游。国内旅游是指本国居民在本国内开展的旅游活动；入境旅游是指境外旅游者进入到旅游目的地国家进行的旅游活动；出境旅游指某国的居民到其他国家进行的旅游活动。[117]

从广义来讲，旅游是一种活动，是旅游者及其他与旅游有关的主体的活动。包括旅游消费活动及旅游生产活动。旅游活动会产生旅游经济效应，因为旅游消费活动属于一种需求现象，为满足旅游者的需求而渐渐产生了旅游供给。在宏观经济系统下，因旅游供需而引发的社会再生产、再分配活动渗透到国民经济的各个方面，形成了旅游对经济影响的复杂效应。

3.1.1.3 旅游资源

资源是综合性的概念，在社会、经济、科技等领域均有涉及。广义的资源包括自然资源、社会资源、人力资源；狭义上看，资源常指自然资源。

《辞海》定义自然资源为天然资源，是有利用价值的天然的自然物，强调其天然存在未经过人类加工。根据自然资源的属性可将其分为土地资源、水利资源、矿产资源、海洋资源、气候资源、生物资源等。一般自然资源具有地区分布不均衡性、数量有限性、利用不可再生性等特征。资源与劳动力、资本、技术同为经济学中的生产要素。

旅游资源是随着其"旅游功能"被开发而进入人们视野的。旅游资源是旅游发展的基础。随着旅游业的逐步发展，人们对旅游资源也有了更加深入的认识。在1992年出版的《中国旅游资源普查规范（试行稿)》的学术研究和广泛实践的基础上，国家质量监督检验检疫总局于2003年发布的《旅游资源分类、调查与评价》（GB/T18972—2003）将旅游资源定义为，自然界和人类社会凡能对旅游者产生吸引力，可以为旅游业开发利用，并可产生经济效益、社会效益和环境效益的各种事物和因素。依据旅游资源的性状，即现存状况、形态、特性、特征划分，分为地文景观、水域风光、生物景观、天象与气候景观、遗址遗迹、建筑与设施、旅游商品、人文活动等8个主类。[118]

旅游资源虽属于自然资源，却又不同于自然资源的独特特征。一方面，自然资源（能源及金属类矿产资源）具有不可再生性，且因为自然资源开发的耗竭性导致资源开发的不可持续性，而旅游资源多为可再生性，且在旅游者的活动仅仅是欣赏资源而不是消耗资源或带走资源，所以旅游业具有开发的持续性，且旅游资源作为旅游产品可重复出售。如果旅游开发过程中能很好地保护资源价值，随着时间的推移其会产生更好的口碑和经济效应，但如果旅游资源开发过程中保护不当或过度开发使旅游资源景观价值受损，这种损害可能会对资源恢复造成不可逆的影响，则减弱了开发的可持续性，其经济效应降低。因此人们旅游活动的生态性及保护的有效性可使旅游保持"朝阳产业"称号，但保护的方式和力度对旅游的经济效应的发挥也会有较大影响。另一方面，大多旅游资源具有不可移动性、不可复制性。自然旅游资源及特殊的人文旅游资源都有其独特性和固有性，不可移动、不可复制，因此围绕着旅游者到旅游目的地的消费活动而形成了众多前后相关联产业，产生了巨大的经济乘数效应。

3.1.1.4 旅游业

戈尔德耐认为旅游业是为招揽旅游者、运送旅游者、为旅游者提供住宿，并满足旅游者各种相关需求的一种经营活动。[119]

利克里什认为旅游业指为满足旅游者对食、住、行、游、购、娱等产品和服务需要而存在的企业集合。其中包括旅游酒店、旅游景区、旅行社等行业。旅游业通过提供产品和服务可以使旅游在客源地所获收入用于目的地消费，从而实现旅游业及目的地的经济收入。[120]

产业经济学一般是从供给的视角来进行产业划分，对于具有一定规模的、使用相同或相似的技术生产同类产品的企业群落可视为一个独立产业。但由于旅游活动的复杂性导致旅游的供给复杂多样，从单一供给的角度来划分旅游产业较困难，不易明晰产业概念。如从供给角度讲，交通、餐饮、住宿不仅为旅游业供给产品或服务，也为其他社会经济活动服务，因此只是部分属于旅游业的范畴。且随着新的旅游活动类型如科技旅游、太空旅游等出现，旅游业的边界也不断扩大，可见边界的模糊性使从供给角度定义旅游业难度加大。与旅游相关的生产活动分散于多种产业。因此从需求角度来定义旅游业有助于解决以上困惑。判断某要素是否属于旅游业，关键看其是否是为满足旅游者的需求而存在，即如果没有旅游者的需求，该企业就没有或只有很小的市场，那么这个企业就属于旅游业。

基于以上分析，本章将旅游业定义为，以旅游资源为客观依托，以旅游活动相关的基础设施为支撑，为满足旅游者需要而生存，从而实现经济效益的一系列企业的集合。

3.1.1.5 旅游消费

消费是旅游最基本特征之一，其贯穿于旅游者食、住、行、游、购、娱的整个过程中。旅游实现的消费总量和消费水平对旅游目的地具有促进经济发展的意义。

世界旅游组织认为旅游消费是旅游者所使用的旅游商品和服务的价值，是居民消费的重要组成部分，在总量上与旅游收入指标相等。[121]很多学者从经济学角度出发认为旅游消费是旅游过程中的消费支出。谢彦君认为旅游消费概念具有狭义和广义两种，狭义指前文提到的旅游消费，广义指旅游者消费，狭义的旅游消费与广义的旅游者消费差异较大。[122]狭义的旅游消费主要指旅游者购买景区或娱乐门票等消费，只涵盖了对核心旅游产品的消费。而旅游者消费范畴远大于旅游消费的内容。旅游者在消费过程中，消费的不仅是核心旅游产品，同时还包括旅游媒介、旅游购物、旅游交通及其他旅游基本需求产品。因为旅游者对这些组合产品的消费而构成了旅游收入。现实中，我们所说的消费指广义的旅游者消费。因此本章在前人观点的基础上界定旅游消费为旅游者在旅游前、旅游期间、旅游后，为有关旅游活动的物质产品、精神产品、服务产品的货币支出。以上的消费构成了旅游的需求，包括对政府、企业、相关行业的旅游设施、旅游服务的需求。经过需求、生产、消费、再生产的循环产生了旅游业经济体系、旅游经济效应。

在此我们需要注意到的是旅游消费需求具有较大弹性。因为旅游消费具有综合性、服务性、异地性及高层次性等特征，所以旅游消费受价格、居民收入等要素的影响，同时还受到宏观经济形势、目的地的政治环境、自然条件等各种微观和宏观因素的影响，因而旅游消费具有较大的需求弹性。同时旅游产品形式更加丰富多样，旅游消费具有不断扩张的可能，因此旅游消费拉动经济的潜能很大，将在经济增长方面发挥重要作用，但考虑到其弹性特征，需防备旅游消费不稳定性对经济增长的影响。

3.1.2　经济增长

3.1.2.1　经济增长

经济增长常指在一定的时间跨度上，一个国家或地区的产出或收入水平的增加，反映了经济规模的扩大和生产能力的提高，偏重于数量的概念。国内生产总值是其常用测度方式，现价 GDP 可反映一个国家或地区经济发展规模，不变价计算的 GDP 增长率可用以计算经济增长速度。

世界各国政府和学者都非常关注经济增长指标，经济增长是经济发展的基础。然而，如果片面追求 GDP 的增长，就会造成经济发展的严重失调和重大损失。一个国家或地区经济发展的过程，不仅仅是经济增长的过程，更是国家或地区经济结构、社会结构持续高级化的进程，以及人口素质、生产质量、环境质量不断提高的过程。经济发展不仅重视经济规模扩大和效率提高，而且注重可持续性，顾及经济结构的调整和产业升级，涉及就业、消费、分配等一系列社会需要，即更强调经济系统的协调性、经济发展的可持续性和增长成果的共享性。因此，对于一个国家或地区来说，经济增长是推动经济发展的重要手段，是经济发展的重要内容，经济发展是经济增长的最终目的。在本章中，经济增长作为经济发展的一个分析维度，主要指潜在国民产出的增加或经济系统生产能力的增长。

3.1.2.2　经济增长速度

经济增长速度是末期国民生产总值与基期国民生产总值的比较。经济增长速度也称经济增长率，它是反映一定时期经济发展水平变化程度的动态指标，也是反映一个国家经济是否具有活力的基本指标。它的大小意味着经济增长的快慢，意味着人民生活水平提高所需的时间长短，所以政府和学者都非常关注这个指标。

如果变量的值都以现价计算，则公式计算出的增长率就是名义增长率，反之如果变量的值都以不变价（以某一时期的价格为基期价格）计算，则公式计算出的增长率就是实际增长率。在量度经济增长时，一般都采用实际经济增长率。

影响经济增长的因素较多，主要有物质资本投资、人力资本投资、科技创投投入、对外开放度、制造业发展、基础设施、产业结构、政府干预程度等。

3.2　理　论　回　顾

旅游业的本质是以资源作为产品进行销售而获得收入。因此分析旅游对经济的影响至少应该从两个方面来进行分析。首先，旅游部门销售产品，通过旅游者的消费而获取相应收入，具有一定的收入效应；其次，旅游以资源为基础进行产业发展时，体现出资源产业的属性，在旅游发展过程中可能对其他产业形成一定的资源转移效应。因此根据本书的研究目的，本章从旅游消费的收入效应及旅游发展的资源转移效应进行理论分析。由于本书的研究目的是分析旅游专业化与经济增长的关系，因此有必要对主流经济中经济增长的理论和观点进行分析，为本书的理论及实证做支撑。

3.2.1　经济增长理论

经济增长通常指一国或地区所生产的物质产品以及所生产的服务的增加，涵盖增加投资所获增产及因技术带来的生产效率提高等导致的产品的增加。经济增长作为经济发展的基础，受政界、学界广泛关注。经济发展的判断，应该从经济增长规模和经济增长速度两个方面判断，即经济规模的大小和经济增长的速度共同影响着未来经济发展水平。本书主要从经济增长规模即国民产出的增加维度和经济增长速度即经济系统生成能力维度探讨旅游专业化与之相互关系。

3.2.1.1　古典经济增长理论

经济增长经历了由古典到新古典及新经济增长等发展阶段。古典经济学代表人物亚当·斯密（Adam Smith）认为经济增长及发展主要是以劳动者的多少和有效分工的方式来实现。劳动的量及构成比例是影响生产总量的极其重要的因素，劳动者存量大意味着能投入到相关生产活动的比例高，经济产出就会大。大卫·李嘉图（David Ricardo）认为经济增长的动因要从产品的生产要素的拥有者及其分配方式考虑，生产要素主要为资本、劳动及土地。资本通过产品分配形成利息，劳动通过产品分配形成工资，土地通过产品分配形成地租。

3.2.1.2　新古典增长理论

新古典经济学于19世纪下半叶兴起于西方。其中，以马歇尔（Marshall）为代表的学者认为资本积累以及经营者管理的才能应更受重视，因为它们是经济增长的重要动因。需要把经营者的生产成果转化为储蓄，这可以为新的生产活动提供注入资本，周而复始促进社会财富增长。

熊彼特（Schumpeter）认为经济增长的关键动因之一为"创新"。他认为创新的方式主要是通过改变函数的表达方式而实现。如研究新的生产方法、推出新的产品，探寻新的原料、开拓新的市场、创建新的生产组织等都是创新可以尝试的方式。

库兹涅茨（Kuznets）认为经济增长的动因主要包括知识的积累、技术的改进、社会的劳动力结构等。当然他同时还认为收入分配导致的差距也会对经济增长过程造成影响。

哈罗德·多马（Harold Dome）主要是从发展经济的角度分析经济增长。其主要致力于分析经济稳定增长应具备的条件及经济波动产生的原因，以及通过什么方式调控以实现长期的均衡增长。哈罗德提出实现直接增长率与有保证的增长率相等才能促进经济增长，否则会产生经济波动。

哈罗德认为投资增加刺激了总需求，通过乘数原理引起收入成倍增加，从而刺激了总供给，引起生产能力增加，增加的生产能力将带来下一期收入更快速的增加，根据加速原理更多的收入可用作更多的追加投资，如此循环往复。

索洛、斯旺（Solow & Swan）则认为技术进步是经济增长的决定因素。只有当经济中具有技术进步或者人口增长等外生因素时，经济才能实现持续增长。

3.2.1.3 新经济增长理论

新经济增长理论认为人均实际 GDP 增长是因为人们致力于追求利润的产出，也被视为内生增长理论。其主要目的是分析经济增长率差异的根本原因及对经济持续增长的可能性的探讨。该理论于 20 世纪 80 年代提出，其代表人物为斯坦福大学的保罗·罗默（Paul Romer）。保罗·罗默认为内生的技术进步是推动经济增长唯一的源泉。卢卡斯（Robert E. Lucas，Jr.）认为人力资本因具有溢出效应而推动经济增长。巴罗（Robert J. Barro）模型涵盖两个部分：公共产品及拥塞模型，政府作为公共产品的提供者，政府是推动经济增长的具有决定性的要素。

3.2.2 基于消费理论的旅游与经济增长

旅游消费虽具有自身独有的特征，但也脱离不开一般消费的框架，因此分析旅游消费与经济增长关系，还需从一般消费开始。学界前辈从不同角度分析了消费与经济增长的关系。

3.2.2.1　消费与经济增长

威廉·配第（Willian Petty，1978）从赋税角度，系统分析了消费与经济增长的关系，他认为要确保财富和经济发展资本的积累就需要控制不必要的消费，增加公共福利平衡必要消费，主要以税收为调控方式，目的是促进经济增长。[123]

亚当·斯密（1979）认为国民财富规模增加的必要条件为勤劳和节俭。其基本观点为要控制以满足享受为目的的目前的、非生产性的消费，要鼓励创造财富的未来的、生产性消费，以确保国民经济增长所需的财富积累。[124]

大卫·李嘉图（1982）按照生产性、非生产性消费区分赋税，来引导消费。他认为要实现经济增长的资本积累，需要提高生产性消费，控制非生产性消费。购买必需品属于生产性消费，购买奢侈品属于非生产性消费，前者不利于增加财富，后者利于增加财富。[125]旅游消费从闲暇效应而言属于生产性消费，因为根据魏翔的闲暇效应理论，劳动者因为旅游活动过程中获得身心愉悦及广闻博学而提升了工作效率从而对资本的积累到对经济增长有一定促进作用。虽然旅游活动从某种意义上说是有一定的闲暇时间、闲钱才能进行的消费，将旅游可以视作奢侈而具有生产性的消费。[126]

魁奈（Quesnay，1979）跳出节制消费才能促进经济增长的思维框架，认为消费可以促进社会再生产，从而推动经济增长，认为农民的生产、收入、消费都是影响经济增长的因素。当然他提倡节制奢侈品的消费，而非必要消费品。[127]

马克思（1974，1979）认为消费需求对经济增长具有决定性，这是对消费与经济的重新再认识。马克思认为生产是社会再生产过程的始端，消费是其末端，生产是为了消费，如果没有消费，生产也就没有了意义。因为消费可以创造需要，生产是为了满足需要。马克思认为消费有生产消费和个人消费之分，虽然国内市场更依赖于生产消费的增长，但个人消费的增长又是生产消费的制约因素。因此资本主义国家的生产最终取决于个人消费的情况，因个人消费不足甚至产生了经济危机的不良后果。[128-129]这种从需求角度研究经济增长是对从供给角度研究经济增长的一个合理补充。

西斯蒙第（Sismondi，1982）认为消费不仅是生产目的而且是生产动力，生产是为消费服务的。[130] 消费不足会影响经济增长规模及活力；当生产大于消费、供给大于需求时，会出现经济危机。因此扩大消费需求是有效促进经济增长，避免经济危机的手段。

凯恩斯（Keynes，1996）认为经济增长由就业水平决定，而就业水平取决于有效需求，即商品的总供给价格与总需求价格处于均衡时的总需求。消费需求不足和投资需求不足会导致有效需求不足，最终制约经济增长。[131]

库兹涅茨（1999）认为从农业、工业活动向服务业活动的转变是经济结构和消费结构的转变，意味着消费水平的提高，这与知识积累提高、劳动生产率提高共同作用于经济增长。[132]

罗斯托（Rostow，1962）认为随着经济增长阶段不同，人们的消费欲望随之变化。且是消费欲望的变化推动了经济及社会发展。[133]

钱纳里（Chenery，1969）认为消费需求带动工业化的发展，而消费需求以个人消费为主，如果个人消费需求下降，消费需求总量趋于下降，导致经济增长失去牵引力。因此最终是消费需求拉动经济增长。

3.2.2.2 旅游消费需求影响经济增长的机理

消费需求对经济增长影响的机理：消费总量不仅会直接导致消费产品的生产供应增加而促使经济增长，还同时诱发新的投资和生产，间接拉动经济增长。旅游消费属于居民消费的一种形式，虽与一般消费有不同之处，但作为最终消费的一部分，对经济增长的拉动作用无异于一般消费，消费需求增长多少，GDP 就增长多少。[134] 根据"生产由最终消费决定"的观点，则旅游的生产供给则由旅游的消费需求决定；则旅游的消费需求状况和旅游业的生产供给能力共同影响着经济的发展能力。全社会生产总值为旅游消费的函数，受到旅游消费及其经济效应系数的共同影响。[5] 鉴于此，本书认为旅游消费对经济增长的影响机理除作为一般居民消费对 GDP 的增加的促进功能，旅游消费还通过明显的间接效应和诱导效应促使经济增长。这种直接效应、间接效应和诱导效应的总和概括为旅游的经济效应（即旅游收入效应）。

旅游消费带来的经济效应主要有：第一，入境旅游消费为旅游目的地带来外汇收入，从经济收入角度看，是目的地经济总量的直接增加部分；[5]

第二，国内旅游消费加速货币循环，其旅游收入加速经济增长。根据乘数效应理论：增加一笔投资会产生大于这笔增加额 n 倍的国民收入增加，即投资带来的国民收入的增加额远大于其自身的增加额；[135]即国内旅游的发展使地区经济产值增加。旅游业的外汇收入和国内旅游收入部分都直接或间接地参与到经济再生产的过程中，并带动目的地的经济扩大再循环，在经济体的系统效应影响下，使产值最终扩大，表现为由旅游消费而产生的经济效应，即旅游增加值。

1. 旅游消费的直接效应：旅游消费收入

旅游消费收入是旅游目的地通过向旅游者销售旅游产品而获得的货币性收入。因为旅游产品具有组合性质，旅游者消费的是一组产品束。这就决定了旅游收入包含很多方面。首先是旅行社在向旅游者销售旅游产品时获得的收入；其次是各旅游相关企业向旅游者提供交通、住宿、餐饮、游览、娱乐项目等旅游产品分项所获得的收入；最后还包含旅游企业向旅游者出售旅游纪念品、劳务等所获得的收入。按照旅游收入的性质，可将其分为基本和非基本旅游收入。基本收入主要指旅游部门及交通部门为旅游者提供旅游基本设施、旅游服务等所获得的货币性收入，及旅游者的必要性支出；非基本旅游收入则除旅行社和交通部门外的其他相关部门为旅游者提供有关设施、物品和服务所获得的货币性收入，即旅游者的可选择性消费支出，如邮电通信费用、咨询费用、购物费用等。按照旅游收入的来源，可将其分为国内旅游收入及国际旅游收入。国内旅游收入是通过经营国内的旅游业务所获得的收入，其产生于国内旅游者在本国内的旅游；国际旅游收入是通过经营入境旅游业务所获得的收入，即旅游外汇收入。其产生于外国旅游者在旅游目的地所产生的境内消费，导致旅游目的地国或地区的国民收入的增加。国内旅游收入与国际旅游收入按汇率换算加总即为旅游总收入。旅游者所消费的产品来自不同的企业，因此这些企业由于给旅游者提供消费产品而获得一定的经济收益，并实现更多人就业。除直接效应外，旅游业还具有强大的间接效应即乘数效应。

2. 旅游消费的间接效应：乘数效应

乘数效应是一种宏观经济效应，指经济活动中某一要素的增加或减少引起的经济总量不成比例变化的连锁反应[136]。旅游乘数指以旅游收入作为经济活动的起点，通过旅游收入在国民经济中的初次分配、再生产、再分配等方式带动相关产业生产、消费提高经济收入的效应。据有关研究显示旅游具有巨大的乘数效应，国内旅游每增加 1%，带动 GDP 增加 55.46%，入境旅游每增加 1%，带动 GDP 增加 34.69%。[137]

3. 旅游消费的诱导效应

旅游企业通过销售旅游产品获得旅游收入后（直接效应），为了扩大再生产而将部分收入用于采购生产资料、支付员工工资、支付税金、支付其他各项成本等，这些都为与旅游业有关企业提供了经济收入，而这些与旅游有关的企业为了扩大再生产，也需要购买材料、雇用劳动力、支付税金、成本等，继续着生产—消费的循环，不断往复，使旅游地的旅游有关企业收入、居民收入、政府财政收入等方面实现巨大增长，这就是旅游发展乘数效应的间接效应。随着居民收入提高，其购买生产、生活资料的需求和能力提高，使更多企业能销售出更多产品而获得经济收入，提供更多就业岗位、给政府增加更多税收，这就是旅游发展的诱导效应，据估计诱导效应是间接效应的三倍多。[138]

3.2.3 基于资源诅咒理论的旅游与经济增长

经济学中大量的文献关注到自然资源丰富易导致资源诅咒。对于"资源诅咒"含义的表述，最早是由奥蒂（Auty，1993）提出的，他将其论述为：丰裕的资源对一些国家的经济增长并不是充分的有利条件，反而是一种限制。资源诅咒的一个重要原因是自然资源丰裕容易导致荷兰病效应产生。荷兰病（the Dutch disease），是指某一初级产品部门（如自然资源产业）异常繁荣而导致其他部门（如工业部门）的衰落的现象。科登和内亚里（Corden & Neary，1982）最先提出了荷兰病的理论模型，即经济对发现自然资源的新的用途及其影响出口的现象的反映。科登和内亚里（1982）区分了国内资源繁荣导致的"资源转移效应"和"消费效应"。前者主要考虑国内资源繁荣带来的对生产要素需求的上涨，因此导致对其他产业的资源转移效应；后者主要考虑要素价格的增加将会导致不可贸易品的价格高出贸易品的价格，其假设前提是：服务的收入弹性是积极而可交易商品的价格由世界市场价决定。在假设国家间的要素不流动的这两种机制上，荷兰病是由于资源繁荣削弱了可贸易部门（制造业）的竞争力导致的结果，以上两个方面都可能是导致荷兰病的因素。[139]对于旅游业的荷兰病效应，主要有以下几种分析。

科普兰（Copeland，1991）对自然资源的荷兰病模型进行了调整，以研究小型开放经济体中旅游繁荣对经济的影响。[140]这种调整很有意义，因为旅游和大宗商品出口之间有重要的差异。如今，旅游产品已由不可贸易变为部分可贸易，旅游者通常使用一束商品和服务以及无价的自然风光，如气候和风景。因此，与自然资源的荷兰病模型中不同的是：旅游繁荣会导致国外对旅游非贸易品需求直接增加；贸易税和国内商品税收的区别很模糊；未定价的自然风光可产生租金。由于税收缺乏和失业扭曲，实际汇率是旅游提高国内福利的唯一机制。这可以通过直接影响和间接影响两方面发生。直接影响是服务的价格增加，可保持国内消费的恒定；间接影响是实际收入变化会引起国内服务消费变化。然而这可能只是潜在收益的一小部分，因为这是一个从天然设施接收租金比较低效率的途径。由于国际要素流动，因为非贸易品的价格对需求的波动的反应很小，旅游繁荣带来的收益会更小。如果非贸易品部门的固定要素，如土地被外商独资，则租金也会离开这个旅游国家，最后这个国家的经济将比旅游繁荣发展之前更糟糕。

哈维尔·卡波（Javier Capo，2007）关注到旅游业大多是建立在对自然资源开发（山地、沙滩、气候）基础上进行发展的，因此对旅游是否会引发荷兰病进行了理论及实证研究。[141]哈维尔·卡波（2007）以科登（1982）和内亚里（1982）、科普兰（1991）的荷兰病理论模型为基础，对小型开放经济体中旅游在三部门间如何通过资源转移效应而导致荷兰病的理论分析。三部门分别为新出现的部门（旅游），可贸易的部门（制造业和农业），不可贸易部门（服务和建筑业）。基本假设为：新兴市场和大宗商品交易领域产生的价格由国际市场确定，而非贸易的价格商品是由其目标市场的国内市场确定；三个部门之间的劳动力和自由流动，这种劳动力流动直到三个部门的工资均衡为止。因为旅游的到来，使得自然资源的新用途被发现，本地财富的增加导致人均国内生产总值上升；旅游业的发展改变相对价格，导致了对经济生产结构的直接或间接影响，而直接影响之一是资源的分配。

在旅游领域，旅游热潮导致边际劳动生产率的增加，导致劳动力需求的上升，假设没有失业，劳动力的需求上升将导致其工资上升，因此将直接导致劳动力离开贸易部门和非贸易部门，流向旅游产业，最终导致前两个部门的衰落。

同时，旅游业的繁荣间接影响了人们实际收入的增加，因此国内的需求增加。更大的非贸易商品会增加支出导致相对价格的提高。这反过来会激励产生非可贸易商品的更大需求，而这些需求只能通过国内产出的增加来实现，以此来抵消因直接影响而导致的产出减少。劳动力的流动和压力带来的内部需求增加非贸易商品的价格，因为可贸易商品价格由国际市场决定的，真实的汇率上升，减少可贸易部门的竞争力导致其净出口萎缩。这一过程，与当地自然资源相关的出口行业（旅游业）的增长相伴随。首先，可贸易商品的生产在达高潮后下降；其次是非贸易商品生产可能的增加、服务和相关建设的增加；除非用资源重新分配的方式将收入带来的效应用于补偿生产下降的部分，否则产生资源诅咒。一方面，大量涌入的外国劳工满足了旅游产业对劳动力增加的需求，减缓工业劳动力的减少现象，因没有工人需要从贸易和非贸易部门转移；另一方面，因为移民带来了对非贸易商品的需求增加，往往导致相关商品价格上升，可贸易部门生产力下降的情况。因此，可能导致某种去工业化现象。

对于制造业的资源转移效应，客观地说生产从某些行业转向其他行业的资源转移原因源自产业的效率。根据赫克歇尔—俄林国际贸易理论[①]，一个经济体生产这些商品需要更有效而广泛地使用各种因素。从这个意义上说，制造业的衰落可以被视为对该地区的自然旅游景点增加其财富的最佳反应。这种从可贸易商品部门向不可贸易商品部门的转移仅仅是自我调节的一种形式，换句话说，是经济体在应对国内需求上升时使用的模式。因此，如果沙滩和美丽的风景都可利用，则岛屿和沿海地区，旅游生产较有优势，通常会导致旅游专业化。使用这种外生比较优势有利于这些经济体更

---

① 赫克歇尔—俄林（Heckscher - Ohlin）理论又称资源禀赋理论。H - O 定理说明某国的资本充裕则其在资本密集型商品上具备相对优势，某国的劳动力充裕则其在劳动密集型的商品上具备相对优势，一国在国际贸易活动中，出口密集相对充裕、价廉的产品，而进口密集相对不足和价高的产品。

大的出口导向型增长模式。从长远来看，有证据表明，拥有丰富自然资源的经济体往往比那些自然资源更贫乏的经济体增长缓慢，即产生资源诅咒现象。[142 - 143 - 144 - 145 - 146 - 147]旅游资源诅咒的原因是旅游发展形成资源转移的效应。荷兰疾病导致出口构成变化，导致更容易接受技术发展和创新的制造业的重要性下降，丰富的自然资源部门会从与"在实践中学习"相关联的传统行业中转移生产力。[148]因此，当资源被转移出具有典型"实践学习"特征的制造业，这通过限制人力资本发展和生产力的增长的一个重要来源影响了经济的增长潜力。且一个受到荷兰疾病影响的经济体的增长会受到与自然资源开发相关联的低水平的训练的阻碍，因为这些行业通常有更高比例的非熟练工人。[149 - 150]

最后，有丰富自然资源的经济体，供应商倾向的特点是寻租行为。换句话说，生产商往往将注意力集中在商品提供额外的好处，因为供应是有限的。然而，寻租往往导致企业和政府的腐败，扭曲资源配置，降低经济效率和社会公平。此外，由于荷兰病降低了国内产业竞争力，当局可能会试图保护被削弱的当地制造业，而不是完全开放经济，因此经济增长会减缓。[151 - 152]

资源诅咒的本质原因是经济发展对自然资源的依赖即资源产业依赖度。同样，旅游专业化程度过高将导致经济对旅游业的过分依赖从而产生不利于经济增长的旅游诅咒现象。旅游诅咒的原因可能是荷兰病、挤出效应、寻租现象等，其根源是旅游对要素的资源转移效应。

3.2.4 基于一般均衡理论的旅游与经济增长

NEG 模型是一个不受小型开放经济限制的旅游经济学一般均衡模型，它是一个涵盖旅游部门和制造业部门的一般均衡模型，可以分析旅游业与工业化之间的关系，用一种新的方式来考察旅游热潮是否会产生去工业化的结果。在新经济地理学（NEG）的框架下，人们可以建立一般均衡模型去揭示旅游业与其他经济领域，尤其是制造业的相互影响。因此，朱希伟（2011）建立的两国三部门三要素模型，对大国开放背景下，旅游业的扩张对工业发展的影响分析，是典型的旅游均衡理论。[153]

开放背景下，旅游均衡效应表现为旅游业扩张对其他产业发展的影响。

旅游业发展会对经济增长带来收入效应及资源转移效应两个方面的影响。收入效应是指旅游发展会增加地区的收入水平，会引起对制造品部门的更多需求，有利于工业集聚，对工业部门的发展具有正向促进作用。资源转移效应是因旅游业的发展对制造业部门的劳动力投入构成竞争，使得一部分相关资源从工业部门流向旅游部门，形成对工业发展的负向挤出作用，导致去工业化，进而使得技术进步受到影响。收入效应对工业的发展起正向推动作用，即具有正向的促进作用，但资源转移效应则对工业的发展具有负向的挤出效应。因而，旅游业扩张到底是促进工业化还是去工业化受到外生参数的影响。[154-155]因此，旅游业扩张的净效应是上述两种效应的折中；如果旅游的收入效应大于其资源转移效应，其结果为旅游祝福，对经济增长具有促进作用；如果旅游资源转移效应超过其收入效应，其结果为旅游诅咒，会减缓经济发展，影响旅游、经济发展的可持续性。旅游诅咒是指一国或地区旅游专业化程度过高导致经济对旅游业的过度依赖，而引起的不利于经济增长的负面效应，最终拖累区域经济增长的一种现象。其发生的主要根源在于过分重视"旅游收入效应"，过度依赖旅游业的发展，从而削弱对制造业等产业的劳动力、资源、资本的投入，影响主要产业的发展动力及发展规模，从而不利于经济增长的速度和规模的提高。根据均衡理论，旅游扩张带来的拥塞效应的外部性与海外旅游税收收入产生的财富同时存在，旅游发展存在潜在的荷兰病现象，合理的旅游收入效应可平衡荷兰病效应。[156]

均衡理论为旅游业的扩张对其他产业部门影响进行了解释，为旅游业的收入效应与资源转移效应的综合研究提供了思路，有助于综合分析旅游业扩张对经济增长的影响。

3.3　旅游专业化与经济增长关系的机理分析

本书主要借鉴曾道智等人对旅游扩张或集聚研究的成果，以一般均衡理论为基础，分析旅游专业化对经济增长的影响。总结前人的研究成果，按照针对性、科学性、全面性、可行性等原则，选取旅游专业化对经济增长影响的传导要素，研究要素的正向传导和负向传导作用，识别旅游专业化对经济增长的传导效应。旅游发展置身于宏观经济系统中，与许多经济要素有着千丝万缕的联系。因此要综合考虑旅游对经济增长的影响，还需把旅游与其他相关重要经济增长要素一起纳入统一框架下进行分析，才能得出全面、客观的结论。

在经济系统中，旅游专业化主要通过物质资本投资、人力资本投资、科技创新投入、对外开放、制造业发展、基础设施建设、产业结构、物价水平等八个经济要素对经济增长发生传导作用。旅游发展对这些经济要素具有影响作用，而这些经济要素又作用于经济增长。旅游专业化对经济增长的传导作用可分为正向传导和负向传导，正向传导拉动经济增长，表现为收入效应；负向传导抑制经济增长，表现为资源转移效应。收入效应主要包括旅游发展直接拉动经济增长、旅游发展间接拉动经济增长、旅游发展的诱导效应拉动经济增长等三个方面；资源转移效应主要包括旅游发展中对其他产业在劳动力、资源、资本等方面的转移效应。

旅游专业化程度低于一定阈值时，旅游对经济增长的收入效应大于旅游的资源转移效应，因此旅游专业化发展对经济增长的净效应表现为旅游祝福效应；如果旅游专业化程度高于一定阈值时，旅游的资源转移效应大于旅游对经济增长的收入效应时，旅游专业化发展对经济增长的净效应表现为旅游诅咒效应。旅游诅咒主要是因为一国或地区旅游专业化程度过高导致经济对旅游业的过度依赖，而引起不利于经济增长的负面效应，最终拖累区域经济增长的一种现象。其本质为旅游专业化程度过高，使得旅游的资源转移效应大于旅游收入效应，即其负向效应超过正向效应，从而使得净效应表现为诅咒效应。

因此本书提出以下观点：旅游专业化程度提高并非总能成为经济发展的福音，当然也未必一定会变成经济发展的诅咒，其对经济发展的最终效应取决于旅游的收入效应与资源转移效应之间的均衡结果（即净效应）。而旅游的收入效应与资源转移效应之间的净效应表现为旅游祝福还是旅游诅咒，则取决于旅游专业化程度是否超过阈值。因此旅游专业化与经济增长之间并非为线性关系而是存在一种倒 U 型的曲线关系。

旅游专业化程度较低时，旅游收入效应大于资源转移效应，净效应表现为祝福效应；但旅游专业化程度过高时其带来的资源转移效应大于收入效应时，旅游将陷入诅咒现象。如图 3 - 1 所示，有的地区出现旅游业荷兰病现象主要是由于旅游专业化程度过高时所致。在最初的一段时间内（t_1 时点以前），其国民收入和经济增长率可能表现出较明显的提高，但这种提高往往是非可持续性的，因为超过一定的旅游专业化程度其对经济要素（如人力资本、制造业发展）的转移效应将更加明显，而减缓其他经济优势的形成和积累，阻碍工业发展，陷入旅游诅咒。

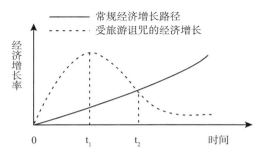

图 3 - 1　受旅游诅咒的经济增长与常规经济增长路径比较

旅游诅咒的传导效应可以从旅游专业化高度化对其他经济要素的挤出效应来分析。因旅游发展与其他自然资源为依托的资源产业发展有一定的区别，其对人力资本投资、制造业发展存在一定的区域差异，差异源自东、西部旅游发展的模式及经济发展特征，因而旅游专业化对经济增长的传导会呈现一定的区域差异。

旅游专业化发展对经济增长影响的阈值存在区域差异。原因是旅游专业化与区域的经济增长要素的关系不同，而各经济要素在区域中发展状况及对整体经济都具有不同的意义，因此在不同区域旅游专业化的阈值将不同。东部的经济发展基础较好，是旅游的主要客源地，基础设施相对发达，因此对旅游发展的带动能力较强，有关公共服务设施可以为旅游业发展提供更好的平台，即旅游业可以享受东部有关经济要素的红利，其对经济的收入效应及带动作用应比西部地区大。

基于上述分析，本书提出旅游专业化与经济增长关系命题的假说：旅游专业化与经济增长总体上存在倒 U 型曲线关系。

因此，本书构建旅游专业化对经济增长影响的机理，如图 3 - 2 所示。旅游专业化通过这八个要素的传导作用，对经济增长影响体现在正负效应两个方面，正向传导为收入效应，负向传导为资源转移效应。旅游对经济增长的净效应为收入效应与资源转移效应的均衡结果。

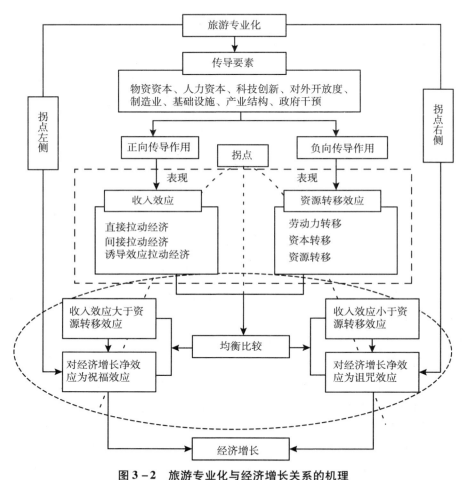

图 3-2　旅游专业化与经济增长关系的机理

3.4　本章小结

通过对理论回顾，分析了旅游专业化通过传导要素对经济增长影响的传导效应；得出旅游专业化对经济增长的净效应是旅游的收入效应与资源转移效应的均衡结果；推演出旅游专业化与经济增长倒 U 型曲线特征，在拐点左边，净效应为祝福效应，在拐点右边，净效应为诅咒效应；由此刻画出旅游专业化对经济增长的作用机理。

第 4 章

旅游专业化与经济增长
关系的实证分析

在第 3 章对旅游专业化与经济增长关系的机理分析基础上，本章进一步对二者的关系进行实证分析，检验"旅游专业化与经济增长关系为倒 U 型"假说是否成立，刻画二者关系特征，测度旅游专业化的合理阈值。

目前对旅游专业化与经济增长关系的研究多集中于跨国层面，对中国省际层面的研究较少，基于省际面板数据的研究更少。且现有文献基本只是从旅游消费收入的经济效应或旅游发展的资源转移效应的其中一个方面进行分析，本章将综合考虑到上述两种效应，并把旅游专业化与其他经济要素纳入统一框架下分析旅游业与其他经济要素共同影响下的旅游与经济增长关系。经济增长规模反映经济水平（常用 GDP 或人均 GDP 表示），经济增长速度反映数量型经济增长效率（常用 GDP 增长率或人均 GDP 增长率表示），二者不完全等同，有必要从以上两方面分析以全面考察旅游专业化对经济增长的影响。

本章重点从三个方面展开：首先，简要介绍本章的主要方法，面板数据估计法的原理和使用方法。其次，分析旅游专业化对各省经济总量的影响，检验省际层面旅游专业化对经济规模是否存在显著效应。最后，为了全面衡量旅游专业化对经济增长的另一个重要维度，经济增长速度即经济增长率的影响，本章进一步结合 30 个省份 1999～2015 年的数据，通过面板数据模型估计方法考察旅游专业化对各省市经济增长速度的影响，并判断旅游专业化提高对经济增长的利弊，及是否会带来资源诅咒现象。

4.1 估计方法选择

现有对旅游与经济增长的文献主要为如下三种方法：时间序列数据分析；截面数据分析，面板数据估计。

时间序列分析的主要目的是判断变量之间是否具有长期均衡协整关系或变量之间的因果关系及方向。横截面数据模型的优点是可以降低经济波动可能带来的偏误，[157]从而适合考察旅游专业化与因变量之间的长期影响。但是横截面数据模型也通常存在模型本身的一些限制如对经济信息的动态性测度难，对旅游专业化对经济发展效应的时间变化刻画难等，而对于中国这样的转型经济体，经济发展日新月异，旅游专业化因地区和时间都有较大差异，横截面数据模型对其估计的结构性断点使其估计系数造成偏误。

随着经济学理论的逐渐深化，面对纷繁复杂的经济现象，用时间序列数据和截面数据分析已无法满足现实需要。因为仅仅用时间序列数据和截面数据无法充分把握数据信息，会导致由自由度损失而形成估计偏误。但是面板数据模型能够控制个体差异的异质性，且能够扩充样本信息，降低变量之间的共线性，显著提高估计的效率。因此，当前面板数据估计已成为验证经济理论、进行经济学实证分析的重要方法。正因为面板数据模型优良的估计效果，从20世纪80年代开始，受到众多学者青睐，将其应用于管理学、经济学、社会学等学科领域（England et al.，1988；Boehmer et al.，1990）。[158-159]当然随着旅游业在经济中作用日益增强，且与众多产业有着相互影响关系，以及旅游统计数据的连续性增强，面板数据模型已然成为国外旅游经济的重要研究工具。基于以上分析，本章主要运用面板数据模型开展实证研究。

4.1.1 面板数据估计的特征及优势

面板数据包含了横截面、指标以及时间三个方面，通过建立面板数据模型能够构建和检验行为方程，这些方程较之前单独使用横截面的数据或者时间序列数据更加的确切，同时可以更加深入透彻地进行分析。由于实际经济分析的现实需要，考虑到非经典计量经济学的问题，近年来分析旅游经济学理论的重要方法之一就是结合横截面和时间序列的模型。

面板数据既是 n 个个体时间序列数据的合并，也可以是 n 个时间点横截面数据的合并。因此，如图 4 - 1 所示，其数据结构的二维性就是面板数据的基本特征。也可以说，面板数据就是一个数据平面，这就是其被称为"面板"的原因。

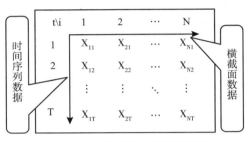

图 4 - 1　变量 X 的面板数据结构

4.1.1.1　扩大信息量：增加统计量的自由度

与时间序列数据和截面数据有所不同的是，面板数据是二维数据。它包括两个方面，一方面是同一个观测个体随时间的变化；另一方面是同一时间内不同的个体之间的差异。这明显地增加了样本的信息量以及样本的容量，同时也有助于提高参数估计的精确性和检验结论的可靠性。

4.1.1.2　有助于提高动态分析的可靠性

在单个个体时间序列的基础上进行动态分析，一方面会受到采集样本区间的制约，另一方面其研究结论也有缺少普适性的特点。而在面板数据的基础上，就能通过较短的样本区间来反映多个个体共同动态变化的特点，进而可以减弱样本区间的限制获得更加可信的分析结论。

4.1.1.3　有利于反映经济体的结构性特征

相比总量数据，面板数据提供了更加具有微观层次的信息。从很多经济问题分析考虑，某些变量包含了不同的观测个体间的相互关系，比如技术的溢出，劳动和资本在区域和产业间的流动，通胀的相互影响等。在运用面板数据时，所谓的时间效应是被解释的变量变化中不随着个体的变化而只随着时间变化的那部分，它所反映的是所有的个体所面对的共同因素的影响，才能使这些结构性变化信息的分析成为可能。

4.1.2 面板数据模型形式设定

4.1.2.1 固定效应与随机效应模型判断

根据解释变量 X_{it} 是否和面板数据模型的截距项以及系数向量相关，可将面板数据模型分为：随机效应模型、混合模型和固定效应模型。面板数据的一般模型为：[160]

$$Y_{it} = \alpha_{it} + \beta_{it}X_{it} + \varepsilon_{it} \qquad (4.1)$$

其中，$i = 1, 2, \cdots, N$ 表示个体成员，$t = 1, 2, \cdots, T$ 表示时间跨度，X 为解释变量，ε_{it} 为随机误差项。

通过与时间序列数据、截面数据模型比较，可以发现面板数据的不同之处在于其存在个体效应 μ_i 和时间效应 λ_t。可根据 μ_i 及 λ_t 与模型的解释变量是否相关，将面板数据的个体效应和时间效应分为两种情形：固定效应和随机效应。

若个体效应 μ_i 与模型中的解释变量相关，则为固定效应。反之，若个体效应 μ_i 与模型中的解释变量不相关，我们称其为随机效应。同理，如果时间效应 λ_t 与模型中的解释变量相关，我们就称其为固定效应。反之，则为随机效应。通常，当样本包含的个体涵盖研究总体的全部单位时，宜选择固定效应模式。当个体样本是随机抽取且用于判断总体的特征，则宜选择随机效应模式。

4.1.2.2 模型检验

如果一个面板数据在时间和截面个体之间均无显著差异，将其作为混合数据直接进行 OLS 回归，便会得到较高的估计效率，这样的模型成为混合横截面模型。具体使用哪种方法需要相关检验进行确定。首先运用 F 统计量检验判断使用混合效应还是固定效应；然后通过 BP 拉格朗日乘数检验判断是使用随机效应还是混合效应；最后用 Hausman 检验来对固定效应和随机效应进行筛选。

4.2　旅游专业化与经济增长规模的实证分析

总结学界对于旅游专业化与经济增长的关系的纷争，主要表现为如下六种观点：一是旅游专业化对经济增长具有正向促进作用；二是旅游专业化对经济增长具有负向作用；三是旅游专业化对于小国的经济增长有利；四是旅游专业化对经济增长影响具有非线性关系，且不同的样本存在不同的阈值；五是旅游依赖度即旅游专业化过高，易导致荷兰病现象，产生资源诅咒；六是旅游业发展会同时产生收入效应和转移效应，而最终的净效应则取决于二者之间的折中效果。[149]

基于国际学术界对于旅游专业化与经济增长的关系存在的诸多分歧，及对于不同的样本得出的结论迥异，本章有必要选择中国省际层面作为实证研究，对中国旅游业自身实际情况把脉诊断，以确保对基于自身数据的中国省际层面的旅游专业化与经济增长之间是具有线性还是非线性关系、旅游专业化对经济增长是福音还是诅咒、判断旅游专业化对经济增长是否有阈值的正确判断，这将为各地政府对旅游产业规划及相关决策提供依据。本节将从旅游专业化与经济增长规模的角度进行实证分析，下一节则从旅游专业化与经济增长速度的角度进行实证分析，以期全面地对旅游与经济增长关系进行剖析。

4.2.1　旅游专业化与经济增长规模的散点图分析

对于中国的旅游专业化与经济增长之间是线性还是非线性关系，我们还需以数据为基础，进行全面分析。首先根据经验数据对其进行统计观察，从而对基本事实进行一个初步判断。为此，我们以 1999 ~ 2015 年中国 30 个省

（区、市）的省际层面的旅游收入占 GDP 万分比的对数值为横轴，以各省
（区、市）的 GDP 的对数值为纵轴，绘制出二者的散点拟合图（如图 4 - 2 所
示）。可以看出，两者的关系呈现出非线性的倒 U 型曲线关系。在曲线的拐
点前后，旅游专业化与经济增长分别表现出正向和负向关系。但是，由此判
断在中国省际层面旅游专业化与经济增长之间存在倒 U 型曲线关系还为时过
早。因为根据经济学知识，任何两个变量之间的相关性都会受宏观经济环境
及其他重要决定性因素的潜在影响，要科学验证这种倒 U 型曲线关系是否真
实稳定，还需要结合其他重要相关因素进行充分的实证考察。

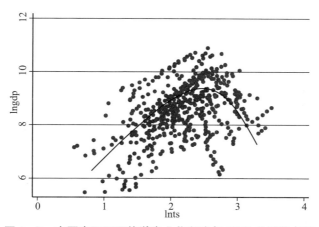

图 4 - 2　中国省际层面旅游专业化程度与 GDP 关系散点图

从中国省际层面看，旅游收入占 GDP 比重并非越高越好，旅游发展的规
模经济并非一直存在，可能存在拐点，拐点之前，收入效应起主导作用，净
效应为祝福效应，拐点之后资源转移效应其主导作用，净效应为诅咒效应，
即中国省际层面旅游专业化与经济增长规模之间存在倒 U 型曲线关系（如图
4 - 3 所示）。本章接下来就旅游专业化对经济增长的非线性影响展开实证
研究。

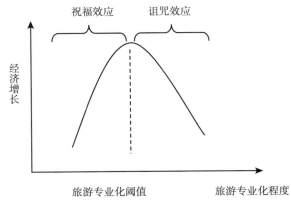

图 4 - 3　旅游专业化与经济增长之间倒 U 型曲线

4.2.2　旅游专业化与经济增长规模模型构建

4.2.2.1　计量模型构建

根据新古典增长理论可知,经济增长模型中的关键要素为劳动、资本及技术进步。有学者认为旅游业作为一种重要的闲暇活动具有闲暇效应。传统观点只关注到闲暇多了会减少工作时间的替代效应。但是魏翔通过系列研究发现,闲暇不仅具有替代效应,同时其还具有对工作的互补效应,即闲暇对经济活动产出及技术效率具有正向的促进作用。显然,应该将闲暇的互补效应概括进技术效率和生产函数中。[161]具体原因为,旅游作为一种闲暇活动也具有闲暇互补效应。首先旅游活动可以促进人的身心健康,旅游可在一定程度上促进人旅游活动后的工作效率;其次旅游活动可以促进人在旅行中增加社会阅历、提高心智水平,对于人力资源有潜在的提升作用;再其次旅游活动可以提高人的幸福感,可以提高人工作的积极性,而促进经济产出;最后所有个体在旅游活动中"闲中学",最终形成全民"闲中学",从而提高国民素质及社会创新力,提高社会技术水平。

基于上述分析,可将旅游发展作为一种可与资本、劳动力并列,对技术有补充作用的生产要素,并将旅游发展与其他影响经济增长的要素关系引入到新古典经济增长分析的框架内。根据凯恩斯经济增长理论,认为资本、劳动要素决定产出水平的高低即经济增长规模。本章主要研究旅游专业化对经济增长的影响，因此将旅游发展作为一种"要素添加剂"加入到经济增长通用的柯布—道格拉斯生产函数中，即 $Y_{it} = f(A, K, L, TS)$。在此 A 代表技术水平，K 代表物质资本，L 代表劳动力，TS 为旅游占 GDP 比重，即旅游专业化程度，代表旅游发展程度。因此经济增长方程就改写为：

$$Y = A(TS)^{\gamma}K^{\alpha}L^{\beta} \tag{4.2}$$

对上式左右两边同时取对数，得到线性模型如下：

$$\ln Y = \ln A + \gamma \ln TS + \alpha \ln K + \beta \ln L \tag{4.3}$$

γ、α、β 分别表示各要素对经济增长规模的弹性系数，为了考察旅游专业化对经济增长的非线性关系，本章在此加入旅游专业化的二次项。模型进一步扩充为：

$$\ln GDP_{it} = \beta_0 + \beta_1 \ln TS_{it} + \beta_2 \ln TS_{it}^2 + \beta_3 \ln K_{it} + \beta_4 \ln L_{it} + \mu_{it} \tag{4.4}$$

4.2.2.2 模型指标说明

实际 GDP。被解释变量 lnGDP 为经济增长规模的代表指标，可以反映经济发展的情况。由于经济受通货膨胀的影响，需将 GDP 当年价折算为实际价，以便与不同时段的经济发展状况进行真实比较。将全国 30 省（区、市）的各年的名义 GDP 数据转换为以 1999 年为基年的实际 GDP，对 GDP 取对数，以减小数据的波动性。

旅游专业化 lnTS。旅游专业化为解释变量，表示旅游总收入占经济总量的万分比，由于考虑到旅游收入与 GDP 中进行比值后取对数仍具有意义，因此在此由万分比代替百分比（百分比的数据过小，取对数后为负数）。旅游总收入由国内旅游收入和国际旅游收入构成。国际旅游收入采用各年平均汇率将美元折算为人民币。在此需要补充说明的是，旅游总收入与 GDP 属于两个口径不同的指标，将旅游总收入作为产业总产值，其包含了产业增加值和中间投入，国内生产总值则是各产业增加值的总和，将二者进行比较容易夸大人们对旅游的经济效应预期。那么更为妥当的做法是将旅游总收入中的实物产品和中间消耗扣除，得到旅游业的产业增加值，将旅游业的产业增加值与 GDP 进行比较能更真实地反映旅游业的贡献。由于目前国内对旅游业的投入产出没有全面统计，无法获得相关计算数据，因此，本章选择旅游总收入占 GDP 比重进行衡量。虽然存在某种程度上的高估，但由于本章的目的只是想衡量在当前测度方式下，旅游在经济体的相对占比，对各地旅游产业内进行横向、纵向比较，不会影响整体结论。旅游总收入占经济总量比重越高说明当地经济越依赖于旅游业的发展，由于旅游业比重在各省市间差异较大，为使数据尽量平缓，我们取旅游总收入占 GDP 的万分比，并对其进行对数化处理，以减小数据的波动性。

固定资产投资 lnK。采用固定资本存量表示，在统计年鉴中各省旅游固定资产总额数据的基础上，根据张军等做法，运用永续盘存法进行测算，折旧率取 9.6%。[162]

劳动力投入 lnL。采用各地人口中大专以上人数进行表示。随着多年来中国高等教育的发展及大中专院校的进一步扩招，大中专学生以逐渐成为社会发展的主要力量，因此本章选择大专以上人数来代表劳动力的投入。

4.2.3 数据样本

根据数据的可得性，本章数据时间跨度是 1999～2015 年。因为，从 1999 年中国的国内旅游业随着"黄金周"制度的实施而进入了突飞猛进阶段，国际旅游也取得了更大进展。因此，选择 1999 年为研究起始点。

数据来源主要是采用《中国统计年鉴》《中国旅游统计年鉴》及其副本、《中国区域经济统计年鉴》《新中国 60 年统计资料汇编》、中经网统计数据库和各地的统计年鉴。为使数据可比较，并尽可能减少异方差性，所有变量均取其对数形式。

4.2.4 旅游专业化对经济增长规模的参数估计

本章采用面板估计模型进行估计。面板估计方法主要分为最小混合二乘回归（Pool OLS）、固定效应模型（Fe）、随机效应模型（Re）等，具体使用哪种方法需要相关检验进行确定。首先运用 F 统计量检验判断使用混合效应还是固定效应；然后通过 BP 拉格朗日乘数检验判断是使用随机效应还是混合效应；最后用 Hausman 检验来对固定效应和随机效应进行筛选。并且，对于面板数据可能存在的异方差、自相关问题，我们运用 Modified Wald 检验和 Wooldridge 检验进行判断，并对存在异方差、自相关的方程进行相应修正。本章主要通过 Stata 软件对各项参数进行估计，对于固定效应的异方差和自相关采用 xtscc 命令进行修正估计参数，对于随机效应模型的异方差和自相关采用 FGLS 法进行修正估计。

表 4 - 1 中显示了各模型的各项估计参数、模型选择及检验结果。由表 4 - 1 可以看出各项模型的参数估计、检验结果较为理想，且模型的拟合度随着固定资产投资和劳动力变量的加入逐渐提高。说明模型方程的设定符合预期。

表 4 - 1　　　　　　　　旅游专业化与经济增长规模关系估计结果

解释变量	被解释变量：lnGDP			
	模型（1）	模型（2）	模型（3）	模型（4）
lnTS	0.614^a (0.008)	0.242^a (0.436)	0.266^a (0.135)	0.304^b (0.121)
lnTS^2		-0.033^a (0.097)	-0.036^b (0.028)	-0.040^c (0.032)
lnK			1.127^a (0.039)	1.154^a (0.077)
lnL				0.036 (0.035)
常数项	8.058^a (0.016)	5.625^a (0.389)	-3.514^a (0.267)	-3.628^a (0.439)
拐点对数值		3.65	3.73	3.78
withinR^2	0.334	0.357	0.764	0.765
参数联合检验（p）	254.76 (0.000)	140.55 (0.000)	546.49 (0.000)	411.29 (0.000)
模型设定	Re	Fe	Fe	Fe
样本量	510	510	510	510

注：系数值后括号中的数值为参数的 t 检验值；a、b 和 c 分别表示参数通过了 1%、5%、10% 显著水平检验。

4.2.4.1 回归参数估计

为了考察旅游专业化对 GDP 增长的影响，计量分析分为两个步骤。首先单独考察旅游专业化变量和经济增长变量的关系；其次在加入固定资产投入、劳动力投入两个变量的情况下，考察旅游专业化变量与经济增长变量的关系。从表 4 - 1 中的 F 值可以看出，各模型都通过了显著性为 1% 的 F 检验，说明整体模型设定合理。表 4 - 1 模型（1）显示，当只有旅游专业化变量作为解释变量时，lnTS 系数为 0.614，且通过了 1% 置信水平的检验。这意味着旅游专业化万分比每增加 1 个单位的产出，将带动经济总量 0.614% 的增长，反映出旅游专业化程度提高将大力推动经济总量增长。

为了研究旅游专业化对经济增长规模是否有曲线关系，本章在表 4 - 1 模型（2）中加入了旅游专业化的平方项。表 4 - 1 模型（2）中为了考察其是否具有二次曲线关系，我们同时引入旅游专业化的三次方项进行考察，发现旅游专业化的三次项系数并不显著，且一次项系数为正，二次项系数为负，表明旅游专业化与经济增长规模之间存在着倒 U 型曲线关系。因此在以后的模型中只考虑旅游专业化的一、二次项，不考虑三次项。

由表 4 - 1 模型（3）可知，固定资产投资、劳动力投入这两个变量加入之后，拟合优度从 0.334 提升到 0.765，模型的解释力度得到加强。同时，旅游专业化的一次项系数为 0.304，二次项系数为 - 0.04，通过了 1% 置信水平的检验。从表 4 - 1 模型（2）~模型（4），旅游专业化变量的一次项系数始终为正，且都通过显著性检验。旅游专业化变量的二次项系数始终为负，说明旅游专业化与经济增长规模之间存在着稳健的倒 U 型曲线关系，曲线的拐点最大值 lnTS 为 3.78，对应的旅游专业化程度为 43.8%。

由表 4 - 1 模型（3）、模型（4）可知，固定资产投资变量的系数为正，且通过了 1% 置信水平的检验，由此可知中国的固定资产投入对经济有较明显的推动作用，由表 4 - 1 模型（4）可以看出，固定资产投资总额上升 1% 会带来经济增长总量上升 1.127%，同时，劳动力变量 lnL 在模型（4）的系数为正，但未通过显著性检验，反映出劳动力投入对经济的推动作用不显著。

4.2.4.2　旅游专业化与经济增长规模关系的结果分析

通过采用面板数据计量方法，对旅游专业化与经济增长规模关系估计，估计结果显示二者具有倒 U 型曲线关系。这种倒 U 型曲线关系表明，在旅游专业化程度小于倒 U 型曲线的拐点值 43.8%（通过对 lnTS 求反对数而得）时，旅游发展对经济增长表现为促进作用，即旅游发展对经济增长规模的祝福效应；在旅游专业化大于倒 U 型曲线的拐点值 43.8% 时，旅游发展对经济增长规模表现为抑制作用，即旅游发展对经济增长的诅咒效应。祝福和诅咒的最终结果取决于旅游专业化程度是否超过拐点值。当旅游专业化程度小于拐点值时，旅游发展的收入效应将超过其对要素的资源转移效应，因而旅游专业化有利于经济发展的一面占主导地位，从而使旅游发展成为经济发展的福音；当旅游专业化程度大于拐点值时，旅游发展对资源的转移效应大于旅游发展的收入效应，旅游专业化对经济发展的不利影响占据上风，从而阻碍经济发展，导致旅游诅咒现象凸显。

另外从产业集聚的角度看，旅游专业化程度提高，折射了旅游的集聚规模扩大。旅游业发展需要以集聚的形式展开，集聚于旅游景区或旅游中心小镇。[163] 因为产业集聚，所以各主体的行为发生相互作用，必然会产生一定的外部效应，因而旅游业的发展具有一定的外部性特征。[164] 随着旅游专业化程度的提高旅游产业集聚现象会越加明显，根据产业集聚理论的外部规模经济理论及新经济地理学理论，适度规模内的产业集聚会产生正向的规模效应，提高集聚的边际生产效益；当产业过度集聚时，则会有降低政府管理效率、挤出其他产业等拥塞效应。集聚边际效益下降，由规模经济逐渐转变为规模不经济。因此理论上可理解旅游专业化程度在增加的过程中对经济增长规模的影响会逐渐由正变负，是由于政府投资用于旅游业，形成对其他产业的一种挤出效应。另外因为旅游发展所需基础设施等在前期投资较大，在后期投入相对较小，且主要以维护为主，因此从投资角度看在旅游专业化初期，投资对经济增长的规模作用大于后期。二者关系表现为对经济规模先促进后抑制的倒 U 型曲线关系。在现实中旅游专业化过高将导致政府管理效率降低，相关资源供给不足、交通拥挤、环境恶化、相关治理能力低下、产业结构单一等问题，显然这种拥塞现象不利于经济增长规模扩大。

4.3　旅游专业化与经济增长速度的关系实证分析

4.2 节分析了旅游专业化对经济增长规模的影响，显示旅游专业化与经济增长规模具有倒 U 型曲线关系。这种曲线关系反映了旅游发展对经济增长的作用表现为先促进、后抑制的现象，因为旅游给经济增长带来直接收入效应的同时，还会对其他经济要素产生资源转移效应间接影响经济增长，因此最终效应则为收入与效应与资源转移效应的综合结果。旅游专业化不仅影响着经济增长的规模，同时对经济增长的速度即经济增长率也存在一定的影响。接下来我们将以增长率代表增长速度，作为被解释变量，以旅游专业化为解释变量，分析旅游专业化对经济活力的影响。同样本节通过面板数据估计法，运用 Stata 软件进行分析。

4.3.1　旅游专业化与经济增长速度散点图分析

虽然研究旅游专业化与经济增长速度的文献还不丰富，但这些为数不多的文献呈现出了多种观点。有线性正向促进作用、线性阻碍作用、非线性的先促进后阻碍作用等。究其原因，不同国家和地区、不同样本、不同时期、不同经济环境，旅游专业化与经济增长之间会表现为不同的曲线关系，即区域异质性导致的二者关系差异。对这种关系的验证需要通过将各主要经济要素统一纳入经济增长方程中进行实证检验。通过将各要素作为控制变量，将旅游专业化一次项、二次项纳入经济增长方程，由一次项、二次项的系数符号及显著程度来判断其与经济增长之间的线性或非线性关系。

对于中国的旅游专业化与经济增长速度之间是线性还是非线性关系，我们还需以数据为基础，进行全面分析。首先根据经验数据对其进行统计观察，从而对基本事实进行一个初步判断。为此，我们以 1999～2015 年中国 30 省（区、市）的省际层面的旅游收入占 GDP 比重为横轴，以各省（区、市）的人均实际 GDP 增长率为纵轴，绘制出二者的散点拟合图（见图 4-4）。其中人均实际 GDP 增长率为被解释变量，代表经济增长速度，反映了经济增长的质量。不过其统计数据缺乏完整报告,但 GDP 增长率和年平均人口数据可通过统计年鉴获得。因此参照邵帅的做法,首先将现价 GDP 增长率转换为以 1999 年为基年的实际 GDP 增长率,再运用实际 GDP 增长率和年平均人口进行推导获得人均实际 GDP 增长率的数据,关系式如下:[165]

第 t 年人均实际 GDP 增长率 =(第 t 年实际 GDP 增长率 +1)

$$\times(第 t-1 年平均人口/第 t 年平均人口)-1$$

$$(4.5)$$

可以看出,两者在一定程度上呈现出非线性的倒 U 型曲线关系。在曲线的拐点前后,旅游专业化与经济增长速度分别表现出正向和负向关系。但是,由此做出在中国省际层面旅游专业化与经济增长速度之间存在倒 U 型曲线关系的结论还为时过早。因为根据经济学知识,任何两个变量之间的相关性都会受宏观经济环境及其他重要决定性因素的潜在影响,要科学验证这种倒 U 型曲线关系是否真实稳定,还需要结合其他重要相关因素进行充分的实证考察。

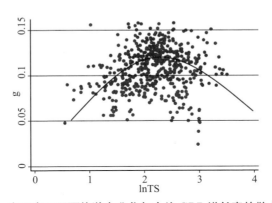

图 4 - 4 中国省际层面旅游专业化与人均 GDP 增长率的散点拟合图

4.3.2 旅游专业化与经济增长速度模型构建

4.3.2.1 模型设定

因为宏观经济系统中多种要素影响着经济增长速度,因此,本章对于旅游专业化与经济增长速度检验的过程，不是只单纯将二者作为模型的解释变量及被解释变量进行回归分析，而是添加多种宏观经济要素作为控制变量，对其进行更全面的考察。考虑到宏观经济系统的庞大复杂，经济增长因素众多，旅游发展过程中旅游与各经济活动时有相互摩擦，旅游业发展对各要素的挤入挤出效应等，在遵循科学性、可行性、全面性的前提下选择控制变量集。鉴于此，本章依据上述思路来建立回归模型。

4.3.2.2　基本模型

根据前面提出的假说，我们借鉴柯布—道格拉斯生产函数、索洛增长模型，在对巴罗（Bairo，1991）[166]、莱文（Levine，1992）[167]、萨克斯和沃纳（Sachs & Warner，1995）[168]模型进行改进的基础上，引入旅游专业化的二次项，构建如下基本的静态面板数据回归模型：

$$g_{it} = \alpha_0 + \alpha_1 TS_{it} + \alpha_2 TS_{it}^2 + \alpha_3 X_{it} + \delta_{it} \tag{4.6}$$

其中，被解释变量 g 为经济增长率，用人均 GDP 增长率变量表示，用以反映经济发展的速度，并对应于前文的假说；TS 代表旅游专业化，TS^2 是其平方项；X 为将要引入模型的其他控制变量所组成的向量集；本章主要包括滞后一期的人均 GDP 的自然对数（L. lnY）这个基本控制变量，以及物质资本投资（FIG）、人力资本投资（HP）、科技创新投入（RD）、对外开放度（OP）、制造业发展（MD）、基础设施建设（INF）、产业结构（STR）、政府干预程度（GI）等八个其他控制变量；i 代表各省际截面单位；t 代表时间序列的年份；α_0、α_1、α_2、α_3 为待估参数；δ 为随机扰动项。由于人均 GDP 增长率的统计数据不完整，可通过统计数据完整的 GDP 增长率采用相应公式计算获得，具体计算方法参照邵帅和杨莉莉（2010）的做法，由于前文已进行详细阐述，在此不再赘述。各变量的具体解释说明如下。

4.3.2.3　模型指标说明

为对假说进行检验，根据前文的思路并参考相关文献，我们对控制变量 X 做出如下选择。

滞后一期人均 GDP 的自然对数（L. lnY）。本章将其作为基本控制变量加入增长模型，目的是对各截面单位的初始经济状态的差异性进行控制，以减小经济发展惯性对增长分析所产生的干扰，同时检验新古典经济增长理论中的条件收敛假说。此外，初始人均 GDP 的引入还可能在一定程度上降低旅游专业化变量所具有的潜在内生性问题。[169]

对于旅游专业化的度量，如前文所述，以选择旅游总收入占 GDP 的比重来表示。旅游总收入占经济总量比重越高说明当地经济体中旅游业发展越繁荣。用 TS 表示。

除上述两个影响经济增长的基本因素外，我们还考虑了以下 8 个对经济增长有重要作用的变量，作为其他控制变量。物质资本投资、人力资本投资、科技创新投入这三个变量能够反映新古典增长理论及新增长理论中的主要增长动力因素，也可用于识别解释变量对经济增长的资源诅咒的传导作用[170 - 171 - 172]（Gylfasonandzoega，2006；Gylfason，2001a；Papyrakis & Gerlagh，2004b）。

物质资本投资（FIG）。物质资本投资对经济增长及旅游发展的作用不言而喻。采用一般文献的做法，以全社会固定资产投资占 GDP 的比重进行度量，并预期其系数符号为正。

人力资本投入（HR）。一般而言，对人力资本的度量方法主要有劳动者报酬法、教育经费法、学历权重法和受教育年限法、受高等教育人数法等。本章采用大专及以上人数来衡量，用符号 HR 表示，并预期其系数符号为正。

科技创新投入（RD）。内生经济增长理论认为提高研究与开发（R&D）的投入所带来的技术创新有利于促进技术进步和生产效率提高，因此，R&D 投入成为衡量一个地区或行业创新能力强弱的重要标准之一。本章用 R&D 经费内部支出占 GDP 比重来衡量科技创新投入，用符号 RD 表示，预期其系数符号为正。

对外开放度（OP）。对外开放度是指一个国家或地区经济对外开放的程度，具体通过市场的开放程度来反映，反映在对外经济关系的多个方面，因此其指标可以从多方面加以衡量。对外经济关系的主体为进出口贸易，且对外贸易相对稳定，因此本章选择进出口总额与 GDP 的比值来表示，进出口总额使用当年人民币兑美元平均汇率换算成人民币，预期其系数符号为正。

制造业发展（MD）。制造业部门在地区和国家经济发展中仍然保持着最重要的角色。且根据现代发展经济学的观点，制造业具有的强大正外部性，其将是经济长期增长的核心动力和重要基础。而旅游业的繁荣将可能吸引制造业的有限资本和劳动力，削弱制造业的发展能力。如英国的康沃尔（Cornwell）郡因为旅游业的繁荣而导致住宿和餐饮业发展过多最终引起工业的衰退。[173]工业衰退会制约经济增长发展后劲。这种由于初级产业繁荣而形成的对制造业的冲击，此现象被称为荷兰病，也被视为去工业化效应，其考察指标为制造业发展水平，并以制造业从业人数占全部从业人数的比重来度量，用符号 MD 表示，并预期其系数符号为正。在现实中，一个从制造业转移效应是有害的，如果旅游业的自然资源耗尽，再转而发展制造业是很困难的。因此一个地区的政策制定者了解旅游对工业发展的影响：旅游业促进工业化还是去工业化非常重要。

基础设施建设（INF）。完善的基础设施建设能降低地区的运输、交易成本，促进技术信息外溢和生产要素流通，优化资源配置，提高生产效率。基础设施对旅游业发展有着至关重要的作用，完善的基础设施建设是旅游业得以开展的基础，交通设施是旅游活动开展的必要工具。交通的通达性、便利性影响旅游者的目的地选择，影响着旅游业的扩张能力。本章用铁路密度与公路密度之和表示基础设施建设状况，即铁路营业里程与公路里程数之和与地区面积的比值，预期其系数符号为正。

产业结构（STR）。产业结构是指各产业的构成及产业间的比例关系，各产业所占比例不同，其对经济增长的贡献大小也不同。产业结构升级利于技术进步的产生，有助于提升产品附加值。第三产业的发展对拉动市场需求、增加就业及刺激消费有一定促进作用，因此对经济增长具有重要影响。本章采用第三产业产值占 GDP 比重来衡量产业结构，该比重值越大，就表明第三产业占比越高。产业结构发展需要与经济发展阶段相适应。与经济发展阶段相适应的产业结构有利于经济增长，反之抑制经济增长，如提前实现后工业化等。因此如果产业结构促进经济增长则其系数符号为正，反之为负。

政府干预程度（GI）。政府对经济进行适当程度的干预有助于优化资源配置、建立良好公共秩序，克服市场失灵，从而有助于提高全社会生产效率。但如果政府干预过度或干预效率低下，那么可能会同时存在市场失灵和政府失灵，导致资源配置扭曲及效率损失，进而不利于经济增长。[174]本章用政府财政支出占 GDP 的比重表示政府干预程度，用符号 GI 表示，预期其系数符号为负。政府干预对旅游业具有重要影响。因为众多的自然旅游资源、人文旅游资源的国有属性,使政府在旅游资源的开发、市场运作等方面有较强的干预能力。[175] 因此,有必要在本章的增长模型中引入政府干预程度,若政府干预有效则其符号为正,若无效其系数为负。

以上各变量的定性描述参见表 4 – 2,这些变量基本包含了主流经济增长理论中的重要因素,也反映了旅游专业化对经济影响的一些至关重要的传导变量。据此,将本章所构建的经济增长回归模型展开如下:

$$g = \alpha_0 + \alpha_1 \ln Y_{it-1} + \alpha_2 TS_{it} + \alpha_3 TS_{it}^2 + \alpha_4 FIG_{it} + \alpha_5 HP_{it} + \alpha_6 RD_{it} + \alpha_7 OP_{it}$$
$$+ \alpha_8 MD_{it} + \alpha_9 INF_{it} + \alpha_{10} STR_{it} + \alpha_{11} GI_{it} + \delta_{it} \quad (4.7)$$

其中,$\alpha_0 \sim \alpha_{11}$ 为待估计的参数,δ 为随机扰动项。

表 4 – 2   经济增长速度模型的变量定性描述

变量类别	符号	含义	度量指标及说明	单位	预期符号
被解释变量	g	人均 GDP 增长率	根据式(4.4)计算	%	
重点考察变量	TS	旅游专业化	旅游总收入占 GDP 万分比	百分比	+
	TS^2	旅游专业化平方项	旅游总收入占 GDP 百分比的平方项	万分比	–
基本控制变量	L. lnY	人均 GDP 的自然对数	滞后一期	元/人	–
其他控制变量	FIG	物质资本投资	全社会固定资产投资总额占 GDP 比重	%	+
	HP	人力资本投资	大专以上人数占总人口比重	%	+
	RD	科技创新投入	R&D 经费内部支出占 GDP 比重	%	+
	OP	对外开放度	进出口贸易总额占 GDP 比重	%	+
	MD	制造业发展	制造业就业人数占总就业人数的比重	%	+
	INF	基础设施	每万平方公里的铁路及公路长度	公里/万平方公里	+
	STR	产业结构	第三产业比重	%	不确定
	GI	政府干预程度	财政支出占 GDP 比重	%	不确定

4.3.3　数据样本

为了避免由于西藏数据缺乏导致数据缺乏可比性和连续性，我们剔除了西藏数据，最终确定 30 个省区市作为研究样本。这样，本章采用的面板数据集由 1999～2015 年 16 年间 510 个截面单位所组成，每个变量有 6 000 余个样本观察值。据我们所知，在中国区域层面开展的相关研究中，本章所采用的样本容量是相当大的。从计量经济学的角度来看，这种大样本特征的数据无疑可以为本章实证结果的可信性提供很好的保障。

4.3.4　旅游专业化与经济增长速度的参数估计

萨克斯和沃纳（1995）的经典研究采用逐步加入控制变量，以考察各控制变量对基本解释变量与被解释变量之间的关系的影响，并同时验证假说在各控制变量加入后的稳健性。但根据计量经济学建模遵守的一般性原则，本章认为按照"从一般到特殊的原则"能更好地降低可能产生的遗漏变量影响。遵循李子奈的从一般到特殊的建模原则，是最初将全部控制变量同时纳入模型，进行整体回归分析，即所谓的"一般性"。然后在确定旅游专业化与经济增长率之间的具体非线性形式后，在采用以基本控制变量为基础，依次加入其他控制变量进行回归，即所谓的"特殊性"，以特别考察各控制变量对曲线和拐点的影响情况。

4.3.4.1　总体参数的估计

本小节仍采用面板估计模型进行估计。首先运用 F 统计量检验判断使用混合效应还是固定效应；然后通过 BP 拉格朗日乘数检验判断是使用随机效应还是混合效应；最后用 Hausman 检验来对固定效应和随机效应进行筛选。并且，对于面板数据可能存在的异方差、自相关问题，我们运用 Modified Wald 检验和 W－ooldridge 检验进行判断，并对存在异方差、自相关的方程进行相应修正。本部分主要通过 Stata 软件对各项参数进行估计，对于固定效应的异方差和自相关采用 xtscc 命令进行修正估计参数，对于随机效应模型的异方差和自相关采用 FGLS 法进行修正估计。

由表 4-3 所报告的模型的选择形式、模型的拟合优度、参数的联合检验、各项系数估计等，反映出模型总体显著，参数整体估计效果较理想。

表 4-3　　　　　　全国样本回归结果

解释变量	被解释变量：人均实际 GDP 增长率 g								
	模型(1)	模型(2)	模型(3)	模型(4)	模型(5)	模型(6)	模型(7)	模型(8)	模型(9)
$\ln y-1$	-0.007[c] (0.006)	-0.009 (0.014)	-0.009 (0.016)	0.007[c] (0.008)	0.006 (0.011)	0.003 (0.012)	0.005 (0.014)	-0.011[a] (0.012)	-0.011[a] (0.013)
TS	0.282[a] (0.096)	0.264[a] (0.085)	0.239[a] (0.087)	0.250[a] (0.088)	0.251[a] (0.087)	0.269[a] (0.071)	0.277[a] (0.059)	0.188[a] (0.051)	0.194[a] (0.053)
TS^2	-0.384[a] (0.062)	-0.350[a] (0.069)	-0.314[a] (0.080)	-0.365[a] (0.084)	-0.364[a] (0.058)	-0.382[a] (0.066)	-0.392[a] (0.062)	-0.259[c] (-0.086)	-0.253[b] (0.068)
FIG		0.086[a] (0.012)	0.085[a] (0.012)	0.061[a] (0.013)	0.068[a] (0.010)	0.073[a] (0.014)	0.071[a] (0.015)	0.051[a] (0.009)	0.058[a] (0.012)
HP			0.031[a] (0.005)	0.028[a] (0.007)	0.028[a] (0.005)	0.030[a] (0.006)	0.030[a] (0.007)	0.026[a] (0.007)	0.023[b] (0.008)
RD				-1.332[a] (0.181)	-1.305[a] (0.541)	-1.087[a] (0.426)	-1.035[a] (0.361)	0.526[a] (0.281)	0.556[a] (0.265)
OP					0.031 (0.018)	0.028 (0.018)	0.028 (0.019)	0.021[a] (0.009)	0.021[a] (0.09)
MD						0.031 (0.018)	0.032[a] (0.019)	0.051[a] (0.082)	0.055[a] (0.015)
INF							-0.028 (0.022)	-0.031 (0.024)	-0.031[c] (0.026)
STR								-0.173[a] (0.024)	-0.063[b] (0.026)

续表

解释变量	被解释变量：人均实际 GDP 增长率 g								
	模型（1）	模型（2）	模型（3）	模型（4）	模型（5）	模型（6）	模型（7）	模型（8）	模型（9）
GI									-0.014^a (0.018)
TD	5.058^a (0.126)	4.962^a (0.157)	4.875^a (0.134)	4.998^a (0.127)	4.969^a (0.152)	5.115^a (0.114)	5.021^a (0.233)	5.078^a (0.156)	5.136^a (0.1854)
GD	2.136^a (0.518)	1.357^a (0.524)	1.302^b (0.647)	1.518^a (0.718)	1.629^a (0.652)	2.033^b (0.767)	2.258^b (0.618)	2.264^b (0.679)	2.311^b (0.702)
常数项	0.018 (0.126)	0.153 (0.108)	0.162 (0.115)	-0.014 (0.036)	0.025 (0.086)	0.028 (0.039)	0.026 (0.108)	0.046^b (0.038)	0.047^b (0.034)
拐点值	0.367	0.377	0.380	0.342	0.345	0.352	0.353	0.363	0.383
withinR^2	0.182	0.265	0.288	0.356	0.369	0.387	0.429	0.456	0.586
参数联合检验（P）	37.92 (0.000)	44.17 (0.000)	51.42 (0.000)	46.34 (0.000)	41.94 (0.000)	39.54 (0.000)	41.74 (0.000)	41.83 (0.000)	64.08 (0.000)
模型设定	Fe	Fe	Fe	Fe	Fe	Fe	Fe	Re	Re
样本量	510	510	510	510	510	510	510	510	510

4.3.4.2 整体分析结果及讨论

首先是"一般性"的整体分析，即将旅游专业化及其二次项作为基本控制变量，将其他控制变量全部加入模型中进行回归，回归结果见表4-3模型（9）。为了考察其是否具有二次曲线关系，我们同时引入旅游专业化的三次方项进行考察，发现旅游专业化的三次项系数并不显著，而一次项为正，二次项为负，且均在1%的水平上显著，说明二者具有倒U型曲线关系。因此在以后的模型中不考虑旅游专业化的三次项。

纵览表4-3模型（1）~模型（9）可以看出，无论采用哪种模型，其基本结果均表明旅游专业化与经济增长率之间存在着显著的倒U型曲线关系，即旅游专业化程度与经济增长率的关系存在唯一拐点，当旅游专业化程度小于这个拐点时，旅游专业化程度表现出的是对经济增长的正向作用，即旅游祝福效应；当旅游专业化程度高于这个拐点值时，旅游专业化对经济增长就表现为负向作用，即旅游诅咒效应。

本章关于中国省际旅游专业化与经济增长率呈现倒 U 型关系的结论与前人针对国际样本的研究结论一致。阿达穆和克莱里季斯（2009）为了研究旅游发展对经济增长的非线性关系，对 162 个国家样本的 1990～2005 年的面板数据进行实证分析，主要分析了旅游专业化对旅游发展增长率的影响和旅游专业化对经济增长率的影响。在两个实证分析内容中，旅游专业化、旅游专业化的平方项的系数都分别为显著的正和负。说明旅游专业化对旅游发展增长率（拐点）和经济增长率之间的关系都表现为先促进后削弱的作用。中国省际旅游专业化与经济增长率呈现倒 U 型关系，也说明中国省际层面旅游诅咒效应的存在，即当旅游专业化程度大于阈值时，旅游专业化程度越高经济增长速度越慢。

从各模型的拐点值大小来看，其波动程度较小，大体处于 0.368～0.383，且随着其他控制变量的加入，拐点存在右移趋势（科技创新投入除外）。说明如果一个地区能将旅游繁荣发展带来的"红利"用于增加各项投资、提高人力资本积累、促进各种产业全面发展并结合政府的适度控制，则能够推延旅游专业化发展对经济的负向作用。且目前中国各省（区、市）的旅游专业化程度基本均小于拐点值，说明中国旅游发展还具有很大的发展空间。2015 年旅游专业化程度排名前两位的分别为贵州和北京，旅游专业化程度分别为 0.34、0.20，虽然贵州和北京旅游发展模式差异巨大，但是旅游业在经济总量中都占有较大份额，且其都小于对经济产生负面影响的拐点均值 0.362。因此，中国目前仍可以加大旅游业发展力度，以充分发挥旅游业对经济增长的正向效应。

4.3.4.3　分步分析结果及讨论

在进行了"一般性"的整体分析，说明旅游专业化与经济增长率呈现倒 U 型关系后，我们接下来继续运用面板数据的固定或随机效应模型，通过依次加入各控制变量的方式对二者的关系进行"特殊性"分析。从而观察各控制变量是否对倒 U 型曲线及其拐点有影响。由表 4 – 3 报告的 9 组分析结果可知，除表 4 – 3 模型（4）以外，大多模型的参数联合检验结果都是显著的，说明模型设定基本合理。对于存在异方差及自相关的模型，分别对其进行了修正。再从系数的显著程度来看，除表 4 – 3 模型（9）中旅游专业化的平方项在 5% 的水平上显著外，其余模型中旅游专业化的一次项及二次项的系数在 1% 的水平上都是显著的，并且在逐步引入控制变量之后，旅游专业化及各变量的系数符号都没有发生变化，并且没有异常波动。由此可知本章的估计结果具有较强的稳健性，选取的变量都对经济增长具有重要影响。

接下来我们从表 4 – 3 模型（1）开始分析。模型（1）是包含除旅游专业化以及旅游专业化二次方项两个解释变量外，仅加入滞后一期人均 GDP 对数、时间虚拟变量 TD、地理虚拟变量等基本控制变量的估计结果，旅游专业化一次项和二次项的系数分别显著为正和显著为负，说明旅游专业化与经济增长率之间存在着倒 U 型的曲线关系，曲线拐点值为 0.367。人均 GDP 滞后一期的系数为负，10% 水平上显著，说明新古典经济增长理论中的条件收敛假说在中国成立。

表 4 – 3 模型（2）引入了物质资本投资这一指标作为控制变量，考察地区物质资本投入在旅游专业化与经济增长速度之间发挥何种作用。结果显示，旅游专业化的一次项和二次项系数符号均不变，且均通过显著性检验。物质资本投资的系数为正，且在 1% 的水平上通过显著性检验，说明物资资本投资促进了经济增长率的提高。从拐点值的变动趋势来看，表 4 – 3 模型（2）较表 4 – 3 模型（1）的拐点值有所增大，说明地区物质资本投资在一定程度上增加了旅游专业化提高对经济增长率的积极影响，使旅游专业化的最优规模向后推移，推后了旅游的资源诅咒效应的显现。

表 4 – 3 模型（3）引入人力资本投资作为控制变量，结果显示，旅游专业化的一次项和二次项系数符号均不变，且均通过显著性检验。人力资本投资的系数为正，且在 1% 的水平上通过显著性检验，说明人力资本投资促进了经济增长率的提高。从拐点值的变化情况来看，表 4 – 3 模型（2）、模型（3）的拐点值有小幅上升趋势，说明人力资本积累可一定程度上提高旅游专业化对经济增长率带来的正向影响，扩大旅游专业化的最优规模。

表 4 – 3 模型（4）引入科技创新投入作为控制变量，结果显示，旅游专

业化的一次项和二次项系数符号均不变，且均通过显著性检验。科技创新投入的系数为负，且在 1% 的水平上显著。说明科技创新投入未表现出对经济增长的促进效应。原因可能是科技投入具有较长的滞后期。且科技创新的投入使拐点前移，说明科技创新投入对旅游部门繁荣有一定挤出效应。

表 4-3 模型 (5) 引入对外开放度，结果显示，旅游专业化的一次项和二次项系数符号依然不变，均通过 1% 显著性水平检验；对外开放度的系数为正，但不显著。说明对外开放在全国层面来看效率不高，未对经济增长率起到显著推动作用。从拐点值的变动趋势来看，表 4-3 模型 (5) 较表 4-3 模型 (4) 的拐点值有所上升，说明对外开放有助于旅游经济效应的发挥。

表 4-3 模型 (6) 将制造业发展引入了模型，结果显示，旅游专业化的一次项和二次项系数符号依然不变，均通过 1% 显著性水平检验；制造业发展的系数为正，未通过显著性检验，说明制造业对经济增长率的提高作用不明显。但随着加入基础设施、产业结构、政府干预后其显著性变得突出。表 4-3 模型 (6) 较表 4-3 模型 (5) 的拐点变化不大，说明从全国层面看制造业发展对旅游专业化的最优规模影响不大。

表 4-3 模型 (7) 将基础设施引入了模型，结果显示，旅游专业化的一次项和二次项系数符号依然不变，分别通过 1%、10% 显著性水平检验；基础设施的系数为负，不显著，说明全国层面的基础设施投资对经济增长率没有明显促进作用。从拐点值来看，表 4-3 模型 (6)、模型 (7) 的拐点变动不大，说明从全国层面看，基础设施投入对旅游专业化与经济增长关系的影响较小。

表 4-3 模型 (8) 将产业结构引入了模型，结果显示，旅游专业化的一次项和二次项系数符号依然不变，分别通过 1%、5% 显著性水平检验；产业结构的系数为负，在 1% 水平上显著。说明中国现阶段普遍提高第三产业比重，若影响到工业发展，将是有损经济效率的。拐点值小幅增加，反映第三产业比重上升对中国的旅游专业化对经济增长有小幅促进作用。

表 4-3 模型 (9) 将政府干预作为最后一个控制变量引入模型，结果显示，旅游专业化的一次项和二次项系数符号依然不变，均通过 5% 显著性水平检验；政府干预的系数为负，在 1% 水平上显著，说明政府干预方式欠佳，影响了中国的经济增长速度。从政府干预对倒 U 型曲线的拐点后推明显可以

看出，其将拐点推至 0.383，政府干预扩大了中国旅游专业化的最佳规模，证明政府干预对旅游经济效应发挥了一定正向作用。

4.4 结果分析与讨论

前面的分析表明旅游专业化与经济增长规模及经济增长规模速度具有稳定的倒 U 型曲线关系。即在旅游专业化小于拐点值时，旅游专业化程度对经济增长表现为祝福效应；当大于拐点值时，旅游专业化程度对经济增长表现为诅咒效应。且增长速度模型的拐点值（38.3%）要小于经济增长规模模型（43.8%），表明随着旅游专业化程度的提高，其对经济增长速度产生抑制效应的拐点会先于经济增长规模到来，且当旅游专业化程度超过阈值，则其对经济发展的不利一面完全显现，表现为旅游诅咒现象。

对于上述实证研究得出的旅游专业化程度与经济增长呈现倒 U 型曲线关系特征，如本章的理论分析，当旅游专业化程度超过阈值，其资源转移效应大于收入效应，因此净效应表现为旅游诅咒。本章借助自然资源诅咒理论结合旅游业作为消费服务业、以资源为依托的产业特征进行旅游诅咒现象的阐释。

对于"资源诅咒"含义的表述，最早是由奥蒂（1993）提出的，他将其论述为：丰裕的资源对一些国家的经济增长并不是充分的有利条件，反而是一种限制。邵帅通过理论分析及实证研究发现资源诅咒的本质原因是经济发展对自然资源的依赖即资源产业依赖度。同样，旅游专业化程度过高表明经济对旅游业的过分依赖，将易导致旅游诅咒。

中国旅游资源禀赋较高，但旅游发展是以依托观光旅游产品的"门票经济"为主，且中国旅游开发已形成了对这种初级旅游产品生产形式的路径依赖。初级旅游产品生产加之传统粗放的经营模式是"旅游资源诅咒"现象的温床，导致诅咒的本质原因则为旅游专业化程度引发的荷兰病现象。这种现象主要指依赖于初级旅游产品生产而"挤出"了该地区其他生产性的组织或经济活动。在荷兰病的经济增长模型中，将一个国家分为三个部门：可贸易的制造业部门、可贸易的资源出口部门和不可贸易的部门。建立在旅游资源禀赋基础上的初级旅游产品即时边际收益增幅较大，具有显著的初级旅游经济收入直接效应，但这却导致了潜在资源转移效应，因地方政府将生产要素或有关计划投资从可贸易的制造业部门转移至初级旅游产品生产部门所代表的资源出口部门，且初级旅游产品并不具有规模报酬递增和正外部性特征，过度依赖于初级旅游产品生产显然会损害整个社会的经济效率和投资收益率。[176]随着旅游业的发展壮大，政府对其重视程度也逐渐加大，各地的旅游有关要素投入规模盲目增加，对制造业部门投资形成挤出效应的同时，旅游投资收益回报却未显著提高，这就削弱了有关企业的投资动力，降低了基础设施等资本的边际收益，不利于社会投资的形成。

在要素投资方面，萨克斯（Sachs, 1995）和沃纳（Warner, 1999）认为，只有制造业才具有"干中学"的正外部性和规模报酬递增，才能驱动经济持续增长，而初级旅游产品的生产会导致劳动力和资本等要素从制造业部门流向资源部门，导致制造业部门的不断萎缩和经济增长的长期停滞。[177]在创新方面，萨克斯和沃纳（2001）认为，当资源部门能产生丰厚的利润时，具有潜在企业家才能的人更愿意进入资源部门成为食租者，而不是在制造业等部门从事创新活动，而初级旅游产品的生产较缺乏创新性，[178]当初级旅游产品生产部门对具有"干中学"特点的制造业部门的资源转移效应增强时，又会进一步影响地区的人力资本积累，并通过挤出人力资本、创新互动阻碍地区经济增长。[179]初级旅游产品生产作为一种资源型产业生产，其产品的技术创新程度低于制造业，且初级旅游产品的产业链短，产品附加价值低，对其他产业的带动力弱，其发展比例过高导致地区经济增长提升空间狭窄。

综上所述，旅游业的专业化过高将因资源转移效应，挤压"干中学"和技术外溢效应的制造业的增长空间，使地区陷入"旅游专业化陷阱"，导致"去工业化"趋向，使产业结构不适应经济结构，损害地区经济的可持续增长。

4.5 本章小结

本章在统计描述基础上使用面板数据模型的计量方法，对中国省际层面的旅游专业化与经济增长的规模、经济增长速度进行了实证分析，检验了第

3 章提出的理论为旅游与各要素协同作用下的收入效应与资源转移效应的折中影响。主要结论如下：

第一，中国旅游专业化与经济增长规模存在倒 U 型曲线关系。

第二，中国旅游专业化与经济增长速度之间存在倒 U 型曲线关系。旅游专业化与经济增长之间的关系存在拐点值，当旅游专业化程度小于拐点值时，旅游专业化提高对经济增长的净效应为祝福效应；当旅游专业化程度超过拐点值时，旅游专业化提高对经济增长的净效应为诅咒效应。

第三，各经济要素作为控制变量加入模型使拐点值有不同程度的变化，说明旅游专业化与经济增长的关系受到各要素的协同影响。

第 5 章

旅游专业化与经济增长关系的区域差异分析

由于中国东部与西部经济发展水平不同，旅游发展模式差异，导致旅游发展对经济增长具有不同的意义，旅游专业化程度差异导致的对其他产业的促进或抑制作用及最终的经济效应都将有所不同。因此本章分别研究东部与西部旅游专业化与经济增长的关系，以发现其区域差异，提出有效的针对意见。

5.1　旅游专业化与经济增长规模的区域差异分析

5.1.1　东西部样本说明

按照国家对宏观区域经济格局，中国可分为东部、中部、西部三大区域。本研究按照这一分类方法，将中国 30 个样本省区市也划分为以上三组，根据研究目的，本章主要针对东部省区市和西部省区市进行分析。因此本章的东部地区包括：北京、天津、河北、辽宁、上海、江苏、浙江、福建、山东、广东、海南；西部地区包括：内蒙古、广西、重庆、四川、贵州、云南、西藏、陕西、甘肃、青海、宁夏、新疆。

5.1.2　旅游专业化与经济增长规模的东西部差异分析

本小节同样采用第 4 章 4.2 节的旅游专业化与经济增长规模的计量模型进行估计：

$$\ln GDP_{it} = \beta_0 + \beta_1 \ln\beta TS_{it} + \beta_1 \ln\beta TS_{it}^2 + \beta_2 \ln\beta K_{it} + \beta_3 \ln\beta L_{it} + \mu_{it} \quad (5.1)$$

分别将东部与西部数据代入式（5.1），得到表 5 - 1 的估计结果。东部、西部的模型拟合度较好，东部的拟合优度为 0.86，西部的拟合优度为 0.94。除常数项以外各项系数均通过显著性检验。通过 Hausman 检验判断，东部、西部均应选择随机效应模型进行估计，模型的联合参数检验显著度佳。估计系数显示：东部与西部的旅游专业化与经济增长规模的回归系数一次项都为正，二次项都为负，且均在 1% 水平上显著，表明二者的关系也均呈现倒 U 型曲线关系。说明无论东部还是西部旅游专业化程度过高都不利于经济增长，由拐点值转换为反对数值而得相应旅游专业化最高阈值，分别为 45.6% 和 41.9%，即在旅游专业化小于阈值时表现为祝福现象，大于阈值时表现为诅咒现象。

表 5 - 1　　　　　　　东西部旅游专业化与经济增长规模估计系数

区域	lnTS	lnTS^2	lnK	lnL	常数项	Within R^2	参数联合检验	拐点值	模型	样本量
东部	0.366[a] (0.018)	−0.0479[a] (0.002)	0.602[a] (0.002)	0.028[a] (0.004)	2.055 (0.017)	0.856	12381 (0.000)	3.819	Re	187
西部	0.252 (0.061)	−0.0337[a] (0.010)	0.984[a] (0.012)	0.016[a] (0.008)	−3.019[a] (0.321)	0.936	3610.12 (0.000)	3.735	Re	187

注：系数值后括号中的数值为参数的 t 检验值；a、b 和 c 分别表示参数通过了 1%、5%、10% 显著水平检验。

5.2　旅游专业化与经济增长速度的区域差异分析

5.2.1　旅游专业化与经济增长速度的东西部总体参数估计

5.2.1.1　参数估计

本小节我们采用第 4 章 4.3 节的回归方程分别对东西部区域进行面板数

据估计：

$$g = \alpha_0 + \alpha_1 \ln Y_{it-1} + \alpha_2 TS_{it} + \alpha_3 TS_{it}^2 + \alpha_4 FIG_{it} + \alpha_5 HP_{it} + \alpha_6 RD_{it} + \alpha_7 OP_{it}$$
$$+ \alpha_8 MD_{it} + \alpha_9 INF_{it} + \alpha_{10} STR_{it} + \alpha_{11} GI_{it} \qquad (5.2)$$

表 5-2 和表 5-3 分别报告了东部和西部旅游专业化与经济增长率各种参数估计的结果，除表 5-2、表 5-3 中模型（7）~模型（9）的 $\ln Y_{it-1}$ 系数、模型（6）~模型（9）的 RD 系数，模型 9 的 GI 系数、表 5-3 中 MD、STR 系数外，其余均在一定程度上显著，模型参数检验结果理想。

报告显示，东、西部的模型中解释变量 $\ln Y_{it-1}$ 对 g 的回归系数都为负，其在前几个模型中不显著，随着控制变量的加入，在表 5-2 和表 5-3 模型（8）~模型（9）中，在 1% 水平上显著。说明东部、西部经济增长具有一定收敛性。

5.2.1.2 旅游专业化与经济增长速度关系的实证结果分析

表 5-2 和表 5-3 中旅游专业化与经济增长速度的回归模型（9）显示，东部、西部的旅游专业化一次项系数为正，二次项系数为负（因三次项都不显著，在此不予考虑），表明旅游专业化与经济增长速度与全国一样呈现出倒 U 型的曲线关系。说明旅游专业化与经济增长速度之间关系存在一定临界水平，超过这个临界水平，旅游专业化与经济增长的关系就由祝福效应转变为诅咒效应。

在确定了二者的倒 U 型曲线一般形式后，本部分接下来通过依次添加控制变量的方法对二者关系模型进行"特殊性"实证分析，以考察各个控制变量对倒 U 型曲线及其拐点的影响。我们发现旅游专业化与经济增长关系对各控制变量的加入敏感程度不同，在东部和西部地区表现出明显差异。接下来分别讨论东部与西部的情况。

5.2.2 旅游专业化与经济增长速度的东部参数估计

为了便于观察各控制变量对重点考察变量之间关联效应的影响情况，以及整个分析过程中变量系数的动态变化趋势，我们仍然采用依次添加控制变量的方法进行分析。表 5-2 给出了东部面板估计得出的结果。

表 5-2　　　　　　　　　　　　东部参数估计结果

解释变量	被解释变量：人均实际 GDP 增长率								
	模型(1)	模型(2)	模型(3)	模型(4)	模型(5)	模型(6)	模型(7)	模型(8)	模型(9)
$lny-1$	0.021 (0.008)	-0.046^b (0.012)	-0.046^b (0.012)	0.005 (0.004)	-0.035^b (0.011)	-0.042^b (0.013)	-0.018 (0.012)	-0.005 (0.004)	-0.0006 (0.005)
TS	0.326^b (0.105)	0.285^b (0.088)	0.281^a (0.089)	0.092^a (0.022)	0.296^a (0.085)	0.321^a (0.081)	0.336^a (0.086)	0.259^a (0.035)	0.268^a (0.035)
TS^2	-0.421^b (0.121)	-0.343^b (0.086)	-0.338^b (0.091)	-0.125^a (0.025)	-0.384^a (0.096)	-0.409^a (0.082)	-0.415^a (0.098)	-0.311^a (0.053)	-0.310^a (0.053)
FIG		0.180^a (0.022)	0.172^a (0.022)	0.038^a (0.008)	0.162^a (0.025)	0.177^a (0.026)	0.139^a (0.016)	0.048^a (0.009)	0.048^a (0.009)
HP			0.020^a (0.006)	0.008 (0.006)	0.016^b (0.007)	0.020^a (0.008)	0.015 (0.008)	0.021^a (0.003)	0.021^a (0.003)
RD				0.762^a (0.163)	-0.781^b (0.187)	-0.453 (0.301)	-0.382 (0.225)	-0.041 (0.058)	-0.041 (0.058)
OP					0.029^b (0.012)	0.025^c (0.013)	0.019^c (0.013)	0.011^a (0.005)	0.011^a (0.005)
MD						0.024^c (0.012)	0.041^b (0.012)	0.035^a (0.008)	0.035^a (0.008)
INF							-0.028^b (0.015)	-0.021^a (0.005)	-0.021^a (0.005)
STR								-0.251^a (0.012)	-0.251^a (0.012)
GI									-0.008 (0.026)
常数项	0.231 (0.102)	0.457 (0.132)	0.435 (0.125)	0.076^a (0.035)	0.293^b (0.156)	0.355^a (0.076)	0.215 (0.158)	0.151^a (0.036)	0.183^a (0.036)
withinR^2	0.098	0.317	0.329	0.336	0.398	0.436	0.439	0.491	0.525

续表

解释变量	被解释变量：人均实际GDP增长率								
	模型（1）	模型（2）	模型（3）	模型（4）	模型（5）	模型（6）	模型（7）	模型（8）	模型（9）
拐点值	0.387	0.415	0.416	0.369	0.385	0.392	0.405	C.416	0.432
参数联合检验（P）	3.96（0.000）	9.59（0.000）	9.98（0.000）	52.38（0.000）	12.39（0.000）	13.16（0.000）	13.28（0.000）	558.35（C.000）	558.39（0.000）
模型设定	Fe	Fe	Fe	Fe	Fe	Fe	Fe	Re	Re

注：系数值后括号中的数值为参数的t检验值；a、b和c分别表示参数通过了1%、5%、10%显著水平检验。

表5－2模型（1）是包含除旅游专业化以及旅游专业化二次方项两个解释变量外，仅加入滞后一期人均GDP对数这个基本控制变量的估计结果，与前述的研究结果相一致，旅游专业化一次项和二次项的系数分别显著为正和显著为负，拐点值在9个模型中偏小。

表5－2模型（2）引入了物质资本投资这一指标作为控制变量，考察地区物质资本投入在旅游专业化与经济增长率之间发挥何种作用。结果显示，旅游专业化的一次项和二次项系数符号均不变，且均通过显著性检验。物质资本投资的系数为正，且在1%的水平上通过显著性检验，说明物质资本投资促进了经济增长速度的提高。从拐点值的变动趋势来看，表5－2模型（2）较表5－2模型（1）的拐点值有所增大，说明地区物质资本投资在一定程度上对旅游专业化提高以及经济增长速度的提高带来了积极影响，使旅游专业化的最优规模向后推移，推后了旅游的资源诅咒效应的显现。

表5－2模型（3）引入人力资本投资作为控制变量，结果显示，旅游专业化的一次项和二次项系数符号均不变，且均通过显著性检验。人力资本投资的系数为正，且在1%的水平上通过显著性检验，说明人力资本投资促进了经济增长速度的提高。随着时代发展，人力资本对经济的增长的作用愈加明显，在中国的东部地区，人力资本的投资意义显得十分突出。从拐点值的变化情况来看，表5－2模型（2）~模型（3）的拐点值呈上升趋势，说明人

力资本积累的提升可在较大程度上提高旅游专业化对经济增长率带来的正影响，扩大了旅游专业化提升的最优规模。

表5-2模型（4）引入科技创新投入作为控制变量，结果显示，旅游专业化的一次项和二次项系数符号均不变，且均通过显著性检验。科技创新投入的系数为正，且在1%的水平上通过显著性检验，说明科技创新投入促进了经济增长速度的提高，可系数值明显较小，说明促进作用不明显。从拐点值的变动趋势来看，表5-2模型（4）较表5-2模型（3）的拐点值有所降低，说明地区科技创新投入在一定程度上削弱了旅游专业化提高对经济增长速度的积极影响，使旅游专业化的最优规模向前推移，使旅游诅咒现象提前显现，原因可能是科技对旅游表现出的挤出效应大于促进作用。犹如旅游的去工业化效应一样，科技创新投入对旅游业似乎存在一定的挤出效应。一方面，随着科技创新能力促进智能终端的发展，网络信息的发达，人们获取旅游信息更加快速、充分，更利于旅游者出行，科技对旅游具有促进作用；另一方面，更为重要的是科技创新对整个社会生产方式及价值观的影响，当以科技创新为驱动的制造业、高新技术产业等作为社会发展的主要推动力时，势必会对旅游产业形成一定的挤出效应。因此，如何将科技、旅游很好的结合是我们未来的一个重要研究方向。

表5-2模型（5）、模型（6）将对外开放度、制造业发展引入了模型，结果显示，旅游专业化的一次项和二次项系数符号依然不变，均通过1%显著性水平检验；对外开放度、制造业发展的系数为正，且在1%的水平上通过显著性检验，说明东部地区对外开放度提高、制造业发展有助于推动经济增长速度的提高，且系数值明显较大，说明推动作用较明显。从拐点值的变化情况来看，表5-2模型（4）~模型（5）的拐点值呈上升趋势，说明对外开放度的提升、制造业的发展能强化旅游专业化提升对经济增长率的促进效果，扩大了旅游专业化的最优规模。需要说明的是，在加入对外开放度变量后，表5-2模型（5）中的科技创新投入的系数由正变为负，且在5%水平上显著，中国对外贸易出口以劳动密集型产品为主，进口则以技术密集型产品为主，说明对外开放容易使中国生产技术形成路径依赖，从而有可能造成技术锁定，对其科技创新有削弱作用，反映了中国的这种"拿来主义"表面上提高了经济增长率，其实损失了科技创新带来的经济增长。因此应该反思

目前中国的对外开放模式，使其真正有效地发挥正外部效应。东部地区制造业的发展促进拐点后推，表现在东部地区制造业的发展对当地的旅游业发展提供了一定的物质保障，同时为前来东部进行贸易洽谈的商务旅游活动的增加提供基础，从而对旅游发展有促进作用。

表 5 - 2 模型（7）和模型（8）分别将基础设施、产业结构引入了模型，结果显示，旅游专业化的一次项和二次项系数符号依然不变，均通过 1% 显著性水平检验；基础设施、产业结构的系数为负，且分别在 5% 、10% 的水平上显著，说明东部地区的基础设施投资和产业结构升级抑制了经济增长速度的提高，原因可能是：东部的基础设施相对完善，过度投资会影响经济增长效率；由于产业结构在调整过程中与经济发展阶段的适配性不足，抑制经济增长速度提高。从拐点值来看，基础设施投入将促使拐点值增大，提高旅游专业化的最优规模。因为基础设施越发达越利于旅游业的发展，但是基础设施的建设成本高昂，回收期慢，因此过度投资会影响到经济增长速度的提高。第三产业比重提高也会促使旅游专业化的最优规模提高，是因为旅游属于综合性产业，旅游业的发展离不开相关服务业的支撑。但是对于东部地区仍然以制造业为经济主要动力的形势下，第三产业比重超前提高无疑对制造业的空间有挤压，因此影响到经济增长的效率。

表 5 - 2 模型（9）将政府干预作为最后一个控制变量引入模型，结果显示，旅游专业化的一次项和二次项系数符号依然不变，均通过 1% 显著性水平检验；政府干预的系数为负，虽不显著，但至少说明政府干预对经济增长速度没有发挥积极作用，政府干预缺乏效率，因不当的政府干预可能引发寻租行为、腐败行为、经济缺乏效率，导致资源配置失衡，市场缺乏活力，技术创新动力不足，因此可能阻碍经济增长速度的提高。从政府干预对倒 U 型曲线的拐点后推明显可以看出，其将拐点推至最大值，政府干预扩大了旅游专业化的最佳规模，体现了旅游发展对政府干预的依赖性，且政府对旅游适度干预有利于其经济效应的发挥，如政府干预下举办的奥运会、世博会、亚运会、青奥会等，都有利于提高旅游的经济效应。但从长远看，政府还需提高干预效率，做到产业间平衡、资源合理分配，将市场和计划有机结合，发挥最大的经济效应。通过政府干预发挥旅游业的作用受到缪蜻晶等人的观点支持。[180]

综观东部样本表 5－2 模型（1）~模型（9）的估计结果，旅游专业化的一次项和二次项系数分别一直保持显著为正和显著为负，从而再次印证东部旅游专业化与经济增长率之间的倒 U 型关系是非常稳定的。从拐点变动方向及大小来看，倒 U 型曲线的拐点值对于不同影响因素的响应程度有所差异。物质资本投资、人力资本投资、对外开放度、制造业发展、基础设施、产业结构、政府干预等因素都会推延旅游专业化的最佳规模阈值，其中政府干预的推延作用最为明显，它的加入使旅游专业化的最佳规模阈值达到 0.432，是所有模型中的最大值，降低了由于旅游专业化程度提高而对其他要素的资源转移风险。唯有科技投入使拐点的阈值降低，使旅游的资源诅咒现象提前显现出来。对比各要素可以发现东部地区的物质资本投资是对经济增长率提高作用最大的因素，说明东部地区的投资驱动型经济发展特征明显。

5.2.3 旅游专业化与经济增长速度的西部参数估计

为了便于观察各控制变量对重点考察变量之间关联效应的影响情况，以及整个分析过程中变量系数的动态变化趋势，我们仍然采用依次添加控制变量的方法进行分析。表 5－3 对西部给出广义最小二乘估计后得出的结果。

表 5－3   西部参数估计结果

解释变量	被解释变量：人均实际 GDP 增长率								
	模型（1）	模型（2）	模型（3）	模型（4）	模型（5）	模型（6）	模型（7）	模型（8）	模型（9）
$lny-1$	0028[c] (0.015)	0.024[a] (0.002)	0.028[a] (0.002)	0.029[a] (0.002)	0.015 (0.015)	0.012 (0.015)	-0.004 (0.015)	-0.005[c] (0.016)	-0.001[c] (0.016)
TS	0.168[a] (0.121)	0.126[a] (0.035)	0.134[a] (0.023)	0.152[a] (0.029)	0.286[c] (0.125)	0.288[b] (0.131)	0.189[b] (0.127)	0.232[b] (0.136)	0.236[b] (0.138)
TS^2	-0.239[b] (0.254)	-0.196[b] (0.039)	-0.169[a] (0.081)	-0.190[a] (0.081)	-0.358[a] (0.226)	-0.398[b] (0.226)	-0.255[a] (0.238)	-0.311[a] (0.321)	-0.314[a] (0.362)

续表

解释变量	被解释变量：人均实际 GDP 增长率								
	模型 （1）	模型 （2）	模型 （3）	模型 （4）	模型 （5）	模型 （6）	模型 （7）	模型 （8）	模型 （9）
FIG		0.015^a （0.008）	0.015^b （0.008）	0.016^b （0.008）	0.035 （0.010）	0.039 （0.008）	0.052^b （0.008）	0.055^c （0.010）	0.055^b （0.010）
HP			0.029^a （0.012）	0.039^a （0.012）	0.041^a （0.012）	0.044^a （0.013）	0.049^a （0.012）	0.050^a （0.013）	0.049^a （0.013）
RD				-0.263^a （0.012）	-1.207^c （0.365）	-0.712 （0.521）	-1.088 （0.521）	-1.051 （0.526）	-1.039 （0.622）
OP					0.162^b （0.018）	0.165^b （0.018）	0.165^b （0.026）	0.165^b （0.026）	0.167^b （0.026）
MD						0.035 （0.021）	0.016 （0.022）	0.016 （0.023）	0.015 （0.023）
INF							0.038^a （0.012）	0.038^a （0.012）	0.037^a （0.012）
STR								-0.031 （0.072）	-0.031 （0.061）
GI									0.006^b （0.051）
常数项	-0.306 （0.110）	-0.251^a （0.015）	-0.325^a （0.019）	-0.166^a （0.020）	-0.091 （0.092）	-0.087 （0.096）	0.054 （0.097）	0.076 （0.126）	0.063 （0.129）
withinR^2	0.312	0.323	0.361	0.379	0.431	0.436	0.485	0.486	0.486
拐点值	0.351	0.361	0.397	0.401	0.399	0.362	0.370	0.373	0.376
参数联合 检验（P）	18.21 （0.000）	208.36 （0.000）	152.39 （0.000）	215.52 （0.000）	12.55 （0.000）	14.37 （0.000）	12.88 （0.000）	15.65 （0.000）	11.52 （0.000）
模型设定	Fe	Re	Re	Re	Fe	Fe	Fe	Fe	Fe

注：系数值后括号中的数值为参数的 t 检验值；a、b 和 c 分别表示参数通过了 1%、5%、10% 显著水平检验。

表 5 - 3 模型（1）是包含除旅游专业化以及旅游专业化二次方项两个解释变量外，仅加入滞后一期人均 GDP 对数这个基本控制变量的估计结果，与东部的研究结果相一致，旅游专业化一次项和二次项的系数分别显著为正和显著为负，拐点值为 0.351，在 9 个模型中最小。

表 5 - 3 模型（2）引入了物质资本投资这一指标作为控制变量，考察地区物质资本投入在旅游专业化与经济增长率之间发挥何种作用。结果显示，旅游专业化的一次项和二次项系数符号均不变，且均通过显著性检验。物质资本投资的系数为正，且在 1% 的水平上通过显著性检验，说明物质资本投资促进了经济增长速度的提高。表 5 - 3 模型（2）较模型（1）的拐点值有所增大，说明地区物质资本投资在一定程度上增加了提高旅游专业化程度对经济增长速度的积极影响，使旅游专业化的最优规模向后推移，延缓了旅游的资源诅咒效应的显现。西部的物质资本投资对经济增长的影响系数较东部的要小，反映了西部的物质资本投资效率比东部低。

表 5 - 3 模型（3）引入人力资本投资作为控制变量，结果显示，旅游专业化的一次项和二次项系数符号均不变，且均通过显著性检验。人力资本投资的系数为正，且在 1% 的水平上通过显著性检验，说明人力资本投资促进了经济增长速度的提高。从拐点值的变化情况来看，表 5 - 3 模型（2）~模型（3）的拐点值呈上升趋势，说明人力资本积累可提高旅游专业化对经济增长速度带来的正向影响，扩大旅游专业化的最优规模，但西部地区的人力资本的影响作用要大于东部地区。说明在西部地区只要能加大人力资源的投入，其促进作用将比东部更明显，这主要因东部和西部发展阶段导致的人力资本的边际效应不同所致。

表 5 - 3 模型（4）引入科技创新投入作为控制变量，结果显示，旅游专业化的一次项和二次项系数符号均不变，且均通过显著性检验。科技创新投入的系数为负，且在 1% 的水平上显著。说明科技创新投入未表现出对经济增长的促进效应。原因可能是科技投入具有较长的滞后期，加上西部地区本身科技技术薄弱，经济基础较差，如果科技投入的量不够或结构不尽合理，则不足以迅速改变西部的经济增长状况。虽然科技投入在西部对总体经济增长影响不显著，但它却使拐点发生右移，说明科技创新投入有利于旅游专业化最佳规模的提高，西部地区的科技对旅游发展的正向溢出效应有推波助澜

的作用。

表 5 - 3 模型（5）引入对外开放度，结果显示，旅游专业化的一次项和二次项系数符号依然不变，均通过 1% 显著性水平检验；对外开放度的系数为正，且在 1% 的水平上通过显著性检验，说明西部地区对外开放度提高有助于推动经济增长率的提高，且系数值明显较大，说明推动作用较明显。从拐点值的变化情况来看，表 5 - 3 模型（4）~模型（5）的拐点值呈下降趋势，说明对外开放度的提升阻碍旅游专业化提升对经济增长率的促进效果，减小了旅游专业化的最优规模，与东部相反。对外开放在西部的作用异于东部，与地区的对外开放层次、对外开放的产品类型及入境旅游类别不同有关：因对外贸易进口和商务旅游之间没有长期的稳定关系，工业产品出口、对外贸易出口和入境旅游之间存在双向因果关系。[181]

表 5 - 3 模型（6）将制造业发展引入了模型，结果显示，旅游专业化的一次项和二次项系数符号依然不变，均通过 1% 显著性水平检验；制造业发展的系数为正，未通过显著性检验，说明西部地区的制造业对经济增长率的提高作用不明显，这可能是西部地区的制造业在全国乃至国际市场上的竞争力还比较弱所致。另外西部地区制造业发展会促使拐点值降低，说明如果西部大力发展制造业，其对旅游业具有一定的挤出效应。西部的制造业系数不如东部显著，说明制造业在东部地区比西部发挥着更大的作用，这与现实相符。

表 5 - 3 模型（7）将基础设施引入了模型，结果显示，旅游专业化的一次项和二次项系数符号依然不变，均通过 1% 显著性水平检验；基础设施的系数为正，且在 1% 的水平上显著，说明西部地区的基础设施投资促进了经济增长速度的提高。从拐点值来看，基础设施投入将促使拐点值增大，提高旅游专业化的最优规模，西部地区的基础设施在进入 21 世纪以后才逐渐加大建设力度，说明其对旅游经济效应的作用已有显现。西部的基础设施的系数为正，在东部为负，说明目前基础设施建设在西部的经济增长中发挥着重要作用，而东部效应不明显。这是因为东部交通方式多样，对陆路交通的依赖程度小于西部地区，且东部基础设施建设过度导致效率低下。

表 5 - 3 模型（8）将产业结构引入模型，结果显示，旅游专业化的一次项和二次项系数符号依然不变，均通过 1% 显著性水平检验；产业结构的系数为负，但不显著。西部的产业结构系数不显著，东部系数为显著的负数，

说明西部、东部的产业结构对经济增长具有不同的意义，因东部目前仍然位于工业发展的关键期，第三产业比重过高将会影响到其经济增长速度。

表 5 - 3 模型（9）将政府干预作为最后一个控制变量引入模型，结果显示，旅游专业化的一次项和二次项系数符号依然不变，均通过 1% 显著性水平检验；政府干预的系数为正，在 5% 水平上显著，说明政府干预对西部地区的经济增长有促进作用，从政府干预对倒 U 型曲线的拐点后推明显可以看出，其将拐点推至 0.376，政府干预扩大了西部旅游专业化的最佳规模，再次证明政府干预对旅游经济效应发挥的正向作用。

综观西部样本表 5 - 3 模型（1）~ 模型（9）的估计结果，旅游专业化的一次项和二次项系数分别一直保持显著为正和显著为负，印证西部旅游专业化与经济增长速度之间的倒 U 型关系是非常稳定的。从拐点变动方向及大小来看，倒 U 型曲线的拐点值对于不同影响因素的敏感程度有所差异。

5.3　东西部差异原因的讨论

东部与西部的旅游专业化与经济增长规模、增长速度之间与全国一样表现为倒 U 型曲线关系。目前，东部与西部的旅游专业化程度均值都小于拐点值，即都处在倒 U 型曲线的左半部分，旅游收入效应大于资源转移效应，呈现祝福状态。不同之处为，拐点值差异较大，拐点对要素冲击的反映亦不同，各要素对经济增长的影响也表现出一定差异。

东部和西部旅游专业化对经济增长规模的拐点值分别为 0.456 和 0.419，对经济增长速度的拐点值分别为 0.432 和 0.376，东部比西部高出 4 ~ 6 个百分点，说明东部的旅游专业化最佳阈值大于西部，东部旅游业较西部有更大的发展空间。东部地区旅游专业化拐点值高于西部的原因可能为：一方面，经济发展水平较高时，人们对旅游的需求更高。根据马斯洛需求层次论，旅游活动是在人们满足生存和安全等基础需求以后才会产生的一种高级需求，具有较大弹性。而当经济发展水平较低时，人们的旅游需求较少，重视旅游业发展通常难以快速有效促进经济增长。但当地区经过工业化的积累，达到后工业化的水平时，工业对经济增长的贡献日趋减弱，旅游消费活动更具有经济基础，旅游活动对其他服务产业的带动性将更强，因此可以理解东部在具有经济优势、客源优势及区位优势的基础上，其旅游专业化的最佳规模将大于西部地区；另一方面，与跨国层面有所差异的是，中国可以对国家内部的各个省份进行宏观调控，东部地区的部分产业可以合理有序地向西部地区转移。东部的工业化阶段梯度发展可能是导致西部地区旅游专业化的最大阈值小于东部地区的原因。

各要素的加入对东部、西部的倒 U 型曲线拐点值变化的影响有明显差异。其中东部地区科技投入对旅游发展表现为挤出效应，在西部表现为促进作用；对外开放、制造业发展在东部对旅游发展有促进作用，在西部为挤出效应；说明在不同的地区旅游业与其他产业之间的外部关联有较大差异，这主要是由于各产业对不同地区的发展意义、重要程度、发展模式不同，造成其有差异的外部效应。拐点值变化反映出旅游专业化对各要素的敏感程度不同，且在东部和西部甚至表现出不同的作用方向。一是科技创新投入，科技创新投入在东部表现为对旅游专业化最佳阈值的降低，而在西部表现为上升。原因可能有如下两个方面：一方面，东部的科技创新投入在旅游业运用相对较少，而更多的是运用到其他产业和领域，因此对旅游的创新活动具有一定的挤出效应，因缺乏科技驱动，因此旅游的竞争力及创收能力进一步下降；另一方面，如果政府、企业更重视对科技研发实力强，基础好的产业或项目进行投资，而减小对旅游业的创新研发投入，旅游业的发展会随之减缓。二是对外开放度，对外开放度提高了东部旅游专业化的最佳阈值，降低了西部的最佳阈值。貌似难以解释，但通过进一步研究发现，对外开放度对东部、西部的入境旅游占比阈值有促进作用；对外开放在东部既有利于入境旅游发展也利于整体旅游的发展；而对外开放只有利于西部的入境旅游发展，不利于其整体旅游专业化程度最佳规模提高。三是政府干预，在各产业的协同影响及政府合理干预下，东部的理想阈值比西部高。从东部、西部来看政府干预都可推延旅游专业化对经济产生诅咒的拐点，说明政府干预在中国的旅游发展过程中扮演着重要角色，这与缪靖晶等的研究结论一致。犹如我们的分析，旅游是把"双刃剑"，其既可对经济产生收入效应也可能对经济形成资源转移效应，政府干预将是其中一个重要平衡因素。

各要素对经济增长的影响系数在东部和西部也呈现出一定差异。如最初科技创新投入在东部表现为显著的正向影响，随着各要素的加入而变得不显著，而西部地区则是由最初的显著为负，随着各要素的加入而逐渐变得不显著，说明东部地区科技投入比西部地区效率稍高，但在各种要素的综合作用下科技创新未对经济增长产生明显作用的事实被掩盖了。如何提高科技创新投入的效率仍是我们将来需要重点探讨的问题。

5.4　本 章 小 结

本章主要分析东西部旅游专业化与经济增长关系的异同点，同时分析主要的宏观经济要素对二者作用拐点值的影响。研究发现东部与西部的旅游专业化与经济增长之间都呈现为倒 U 型曲线关系，但拐点值差异较大，拐点对要素冲击的反映不同，各要素对经济增长的影响也表现出一定差异。对经济增长规模的影响，东部的旅游专业化的最大阈值比西部高出近 4 个百分点。对经济增长速度的影响，东部的旅游专业化的最大阈值比西部高出近 6 个百分点。旅游专业化对增长速度的影响临界点小于增长规模的影响。

东部地区科技投入对旅游发展表现为挤出效应，在西部表现为促进作用；东部地区的对外开放、制造业发展对旅游发展有促进作用，西部地区为挤出效应。从各要素对经济增长的影响系数看东西部也呈现出一定差异。如科技创新投入最初在东部表现为显著的正向影响，随着各要素的加入而变得不显著，而西部地区则是由最初的显著的负数，随着各要素的加入而逐渐变得不显著，说明东部地区科技投入比西部地区稍有效，但在各种要素的综合作用下科技创新未对经济增长产生明显作用的事实被掩盖了。如何提高科技创新投入的效率仍是我们将来需要重点探讨的问题。

第 6 章

旅游专业化对经济增长的
传导作用研究

　　本章在上述分析的基础上，研究旅游专业化如何通过传导要素影响经济增长。从全国层面及东、西部分别研究其传导效应，以分析旅游与增长为什么呈现倒 U 型的曲线关系，为什么旅游专业化存在由祝福效应向诅咒效应转换的阈值。

　　旅游专业化对经济增长影响的传导作用分析对政府、旅游企业乃至整个经济系统的发展都是意义重大的研究内容。因为只有找到旅游专业化发展影响区域经济增长的作用路径，才可能为政府有效决策提供有针对性的建议，才可能为旅游业的发展指明方向，才可能对各要素进行积极调控，最终促进经济增长，减小旅游诅咒的效应。通过文献检索梳理发现，目前中国国内对于旅游专业化对经济增长的传导效应研究比较缺乏，尤其是对中国东西部地区的传导效应差异分析的研究几乎为空白。

　　综合第 4 章至第 6 章的内容，我们可以构建出旅游专业化协同宏观经济发展要素对经济增长的影响。这种影响来自两个方面，首先是旅游专业化对经济增长的直接影响，其次为旅游专业化作用于各经济要素，而各经济要素作用于经济增长的路径。因此通过分区域研究传导路径的差异将有助于理解东西部旅游专业化的方向，以及在大力发展旅游过程中需要规避的对哪些要素的影响。本章接下来尝试对表 4 – 3 模型（5）中引入的 8 个主要控制变量进行实证分析，力求从多维度来探索旅游专业化影响经济增长速度的机制。

6.1 旅游专业化对经济增长传导作用的计量模型

6.1.1 旅游专业化作用于经济增长的模型构建

系统分析表明，旅游对经济增长的影响主要为收入效应和资源转移效应。综合来看这两种效应都将通过物质资本投资、人力资本投资、科技创新投入、对外开放度、制造业发展、基础设施建设、产业结构、政府干预等潜在传导因素对经济增长发生作用。结合本章的研究目的，对萨克斯和沃纳（1995）、邵帅、钟伟等考察产业对经济增长传导因素所使用模型的改进，本章建立如下面板数据回归模型，来分别考察旅游专业化与以上各潜在传导因素变量的关系。

$$Z_{it} = \alpha_0 + \alpha_1 \ln Y_{i,t-1} + \alpha_2 TS_{it} + \mu_{it} \tag{6.1}$$

其中，Z_{it} 为一组传导变量，α_1、α_2 为待估系数，μ 为随机扰动项。

为了得到稳健性更好、说服力更强的分析结果，本章在产业发展与传导因素一元回归模型的一般模式上加入 $\ln Y_{t-1}$ 作为基本控制变量。依次将旅游专业化作为解释变量，各传导因素作为被解释变量进行最小二乘法进行参数估计。

6.1.2 旅游专业化与各传导因素变量的面板参数估计

对全国 30 个省区市的总样本进行回归分析发现旅游专业化除对科技创新显著为负外，对其他要素的影响都不显著。考虑到传导效应可能因地区而有所差异，因此本章将样本按照第 4 章 4.3 节的划分方式，分别考察东部、西部地区样本的传导效应。利用东部、西部样本 1999～2015 年的面板数据，对基于式（6.1）展开的九个方程分别进行回归，在此考虑到旅游专业化程度提高对物价水平的影响，物价水平与经济增长有一定的相关性，因而将其纳入传导因素考察。并对存在异方差、自相关的情况进行修正，回归结果见表 6 - 1。

表 6 - 1　　　　　　　东西部旅游专业化与各传导因素的关系对比

区域	模型 (1)	模型 (2)	模型 (3)	模型 (4)	模型 (5)	模型 (6)	模型 (7)	模型 (8)	模型 (9)
	FIG	HP	RD	OP	MD	INF	STR	GI	CPI
东部	0.232 (0.257)	0.936[b] (0.465)	-0.034 (0.058)	-0.321 (0.576)	-0.996[c] (0.352)	0.308[a] (0.018)	0.627[a] (0.086)	0.385[a] (0.008)	12.139[c] (6.165)
西部	-0.563[a] (0.051)	-0.316 (0.212)	0.051[a] (0.008)	-0.182[a] (0.008)	0.232 (0.308)	4.208[a] (0.064)	0.626[a] (0.056)	0.523[a] (0.068)	10.106 (0.215)

注：系数值后括号中的数值为参数的 t 检验值；a、b 和 c 分别表示参数通过了 1%、5%、10% 显著水平检验。

报告显示，东部和西部旅游专业化对各要素的影响差异较大，我们将依次展开分析。对东部地区的回归结果显示，被解释变量为人力资本、基础设施、产业结构、政府干预、CPI 时，旅游专业化的系数为正，分别在 5%、1%、1%、1%、10% 水平上显著。被解释变量为物质资本投资时，旅游专业化的系数为不显著的正数。被解释变量为科技创新投入、对外开放度、制造业发展时，旅游专业化的系数为负数，前两项系数不显著，最后一项在 10% 水平显著。

对西部地区的回归结果显示，被解释变量为科技创新投入、基础设施、产业结构、政府干预时，旅游专业化的系数为正，均在 1% 水平上显著。被解释变量为物质资本投资、对外开放度时，旅游专业化系数为负，均在 1% 水平上显著。当被解释变量为人力资本投资和 CPI 时系数分别为负和正，不显著。

对于旅游专业化在东部和西部的不同传导路径，本章将在随后两节内容详细分析。

6.2 东部旅游专业化对传导要素的作用分析

6.2.1 东部旅游专业化对传导要素的正向传导作用

6.2.1.1 东部旅游专业化对物质资本投资的影响

将物质资本投资作为传导变量代入传导模型：

$$Z_{it} = \alpha_0 + \alpha_1 \ln Y_{i,t-1} + \alpha_2 TS_{it} + \mu_{it} \qquad (6.1)$$

得到方程：$FIG_{it} = \alpha_0 + \alpha_1 \ln Y_{i,t-1} + \alpha_2 TS_{it} + \mu_{it}$。

回归所得结果在表 6 - 1 模型（1）显示。旅游专业化的回归系数为正，但不显著。

旅游专业化的提高，将会带动相关的酒店、旅行社、旅游景区等的物质资本投资；发达的旅游目的地还会带动旅游地产投资增加，但目前中国旅游业的固定资产原值的统计口径中只包括前三部分，因此旅游业对物质资本投资的带动统计不全面，造成旅游对物质资本投资拉动作用有低估嫌疑。旅游能拉动酒店、景区等固定资产投资，但相对整个工业或全部产业来说，其带动作用不显著。

6.2.1.2 东部旅游专业化对人力资本的影响

将人力资本作为传导变量代入传导模型：

$$Z_{it} = \alpha_0 + \alpha_1 \ln Y_{i,t-1} + \alpha_2 TS_{it} + \mu_{it} \qquad (6.1)$$

得到方程：$HP_{it} = \alpha_0 + \alpha_1 \ln Y_{i,t-1} + \alpha_2 TS_{it} + \mu_{it}$。

回归所得结果在表 6 - 1 模型（2）显示。旅游专业化的回归系数为正，大小接近 1，在 5% 水平上显著。说明东部地区旅游专业化促进人力资本发展。这一结论与左冰对旅游繁荣推动人力资本发展的结论一致。具体导致这一现象的原因来自多方面。通常，人力资本由正规教育、非正规教育和"干中学"等方式形成。因为旅游带动的是人流、物流、资金流的交融发展。东部地区在发展旅游的同时，受到世界各地的文化交流融合、熏陶，使当地居民在旅游高度繁荣时有"干中学"的平台、"干中学"的机会和"干中学"的动力，激励包括从业人员在内的居民为了达到向外来旅游者一样的高技能、高品质生活而努力学习、努力奋斗，以提高自己的文化知识水平，并通过知识来改变命运。[182]如中国很多地区尤其是东部地区在旅游发展的同时带动了旅游地居民学习普通话和学习英语的愿望，提升了其语言交流的能力，也使不少人提高了计算及经营能力。[183]可见旅游业自身就具有一定教育功能，属于人力资本提升中的非正式教育，[184]具有"干中学"特点。

旅游产业的高度发展将提高对人力资本的重视等文化价值观。因为旅游目的地居民会受到外地旅游者带来的物质文化、制度文化等观念影响，同时居民在旅游经营活动中对旅游自然资源科普知识、旅游文化资源人文历史知识理解的渴望都将促使人们对教育的重视。[185]因此旅游发展在东部地区表现出对人力资本的推动作用。

6.2.1.3　东部旅游专业化对基础设施的影响

将基础设施作为传导变量代入传导模型：

$$Z_{it} = \alpha_0 + \alpha_1 \ln Y_{i,t-1} + \alpha_2 TS_{it} + \mu_{it} \quad (6.1)$$

得到方程：$INF_{it} = \alpha_0 + \alpha_1 \ln Y_{i,t-1} + \alpha_2 TS_{it} + \mu_{it}$。

回归所得结果在表 6 – 4 模型（5）显示。旅游专业化的回归系数为正，在 1% 的水平上显著。基础设施是旅游专业化程度提升的先决条件，旅游专业化的提升势必会提高对基础设施条件的要求，也能为基础设施的建设提供资金支持，因此旅游发展与基础设施建设相互依存，共生共荣。[186]

6.2.1.4　东部旅游专业化对产业结构的影响

将产业结构作为传导变量代入传导模型：

$$Z_{it} = \alpha_0 + \alpha_1 \ln Y_{i,t-1} + \alpha_2 TS_{it} + \mu_{it} \quad (6.1)$$

得到方程：$STR_{it} = \alpha_0 + \alpha_1 \ln Y_{i,t-1} + \alpha_2 TS_{it} + \mu_{it}$。

回归所得结果在表 6 – 1 模型（5）显示。旅游专业化的回归系数为正，在 1% 的水平上显著。旅游业作为第三产业，其占 GDP 比重提高，推动第三产业占 GDP 比重相应提高。另外由于旅游业强大的乘数效应，其会带动以旅游服务为产业链的消费服务业、生产性服务业的发展，从而提高第三产业在经济中的占比。

6.2.1.5 东部旅游专业化对政府干预的影响

将政府干预作为传导变量代入传导模型：

$$Z_{it} = \alpha_0 + \alpha_1 \ln Y_{i,t-1} + \alpha_2 TS_{it} + \mu_{it} \tag{6.1}$$

得到方程：$GI_{it} = \alpha_0 + \alpha_1 \ln Y_{i,t-1} + \alpha_2 TS_{it} + \mu_{it}$。

回归所得结果在表 6－1 模型（8）显示。旅游专业化的回归系数为正，在 1% 水平上显著，说明东部地区旅游专业化对政府干预程度有正向推动作用。

旅游业作为一个依托于自然资源产业发展的综合性产业势必会依赖于政府干预。旅游专业化越高，政府就越重视旅游部门的发展，从而更倾向于通过政府干预的方式来发展旅游业。旅游的发展离不开基础设施和其他公共产品作支撑。为了维护旅游发展水平或使其发展状况更上一层楼，政府可能通过财政或政策干预方式加大对旅游相关支撑条件的投资。同时，在目前旅游促进经济发展的舆论影响中，政府关注到更多的是旅游发展对经济的收入效应，为了进一步促进旅游的比重，政府会加大对旅游宣传的投资、信息化的建设等。并且，由于旅游专业化程度提高，旅游发展也带来很多潜在的环境问题，如加大对水资源、大气环境、生态环境等方面的压力，政府必然加大干预力度对上述问题进行预防或补救。因为重视旅游对经济发展的意义，政府将致力于旅游可持续发展，因此在国家自然保护区、国家森林公园、世界遗产等公共资源的保护方面加大政府干预。[187]

6.2.1.6 东部旅游专业化对 CPI 的影响

将 CPI 作为传导变量代入传导模型：

$$Z_{it} = \alpha_0 + \alpha_1 \ln Y_{i,t-1} + \alpha_2 TS_{it} + \mu_{it} \tag{6.1}$$

得到方程：$CPI_{it} = \alpha_0 + \alpha_1 \ln Y_{i,t-1} + \alpha_2 TS_{it} + \mu_{it}$。

回归所得结果在表 6－1 模型（9）显示。旅游专业化的回归系数为正，在 10% 水平上显著，说明东部地区旅游专业化对 CPI 有正向推动作用。这与刘长生、徐秀美的研究结论一致。刘长生对旅游产业与物价水平关系进行的实证研究显示：旅游产业对价格水平的弹性影响系数大于 1，属于富有弹性；

旅游收入占 GDP 比重越高，旅游产业对价格水平影响的弹性系数越大；旅游产业对价格水平的影响弹性系数随着旅游业繁荣而出现增长的趋势。[188]徐秀美针对案例地的研究显示，旅游收入对居民消费价格指数具有正向的冲击，短期内虽有波动，但长期内趋于平稳。[189]又如海南三亚由于旅游业的高度发展导致当地蔬菜价格等消费品价格远远高于全国平均水平。以上研究反映了旅游产业会推动价格水平上升的事实。

至于旅游专业化提高推动物价水平的原因则是多方面的：

一方面，从社会总产品的供给看，因为旅游业繁荣发展，旅游目的地的产业存在失衡风险，土地、劳动力、资本等从工业、农业等有关行业流出，流入旅游产业，这导致工、农业产品的当地供给减少，即使需求不变，也一定会出现价格水平上涨现象。同时，旅游目的地大力发展旅游产业，生产资料与日用品倾向于采用外部供给，增加了商品销售的中间成本，导致价格水平上升。

另一方面，从需求角度看，因为大量旅游者进入旅游目的地，旅游消费人群的增加导致旅游目的地的总体旅游产品需求、相关行业的消费品需求增加，旅游专业化程度高会导致旅游目的地的价格水平提高；同时，旅游产业的发展会增加个体经营者收入，提高了产业链上的从业人员的收入水平，从而增加了潜在的居民社会消费需求，推动价格水平上涨。

6.2.2 东部旅游专业化对传导要素的负向传导作用

6.2.2.1 旅游专业化对科技创新的影响

将科技创新投入作为传导变量代入传导模型：

$$Z_{it} = \alpha_0 + \alpha_1 \ln Y_{i,t-1} + \alpha_2 TS_{it} + \mu_{it} \tag{6.1}$$

得到方程：$RD_{it} = \alpha_0 + \alpha_1 \ln Y_{i,t-1} + \alpha_2 TS_{it} + \mu_{it}$。

回归所得结果在表 6-1 模型（2）显示。旅游专业化的回归系数为接近于零的负数值，置信区间在 25%。旅游专业化的回归系数为负数，说明旅游专业化提高对东部的科技创新没有发挥积极作用。同时，其显著性水平不在 10% 以内，且回归系数较低，反映旅游对科技的替代性在东部表现不显著，尽管如此，也说明了旅游繁荣对科技技术进步未起到显著的推动作用。

目前，中国旅游经济增长主要依赖于资源、资本和劳动力的投入。科技投资注入旅游业的比重较小，旅游业缺少科技创新的动力。这种现象背后的原因主要是，旅游业的行业特点导致其产品的创新易被复制，因而旅游企业缺乏创新的动力和持续性。[190]同时，由于旅游业的门槛低、可进入性强、技术更新较慢，旅游企业即便不进行科技创新也能有所发展，因此从客观和主观方面旅游企业的科技创新意识都较薄弱。据调查显示，世界旅游最发达的国家之一的西班牙的旅游、酒店企业创新活动开展比例为17.3%，低于服务业的18.7%，更低于工业的27.1%。[115]

制造业、高新技术产业本应为东部地区发展的主要动力，若因为旅游业的高度繁荣，吸引政府过多的关注及政策倾斜，则由于旅游产业依赖自然资源的本质属性，其对技术的需求与制造业及高技术产业有巨大差距，因此会造成部分潜在企业家和创新者从事旅游这种初级产品生产而挤出企业家的创新行为。[191]这犹如最近几年的房地产开发的巨大利润及较低的可进入性门槛，导致很多做实体的企业家纷纷转向房地产开发，导致实体经济的空心化现象严重。

罗墨（Romer，1990）提出的内生技术变迁理论也能对上述问题的原因进行合理解释。因为新技术的诞生主要源于市场利益的驱动，期望新技术可能带来的盈利，且新技术的供给由市场需求决定，旅游业对新技术当然有一定需求，但这种需求相对弱于制造业的需求，因此其在东部地区对科技的激励作用有限。[192]

6.2.2.2　东部旅游专业化对对外开放度的影响

将对外开度作为传导变量代入传导模型：

$$Z_{it} = \alpha_0 + \alpha_1 \ln Y_{i,t-1} + \alpha_2 TS_{it} + \mu_{it} \qquad (6.1)$$

得到方程：$OP_{it} = \alpha_0 + \alpha_1 \ln Y_{i,t-1} + \alpha_2 TS_{it} + \mu_{it}$。

回归所得结果在表6-1模型（4）显示。旅游专业化的回归系数为负数，不显著。此处回归系数为负，置信区间在60%，说明这种副作用并不显著。考虑对外开放度应该对国际旅游的影响更大，本章通过对国际旅游收入占GDP的比重与对外开放度进行回归，发现回归系数为正数，且在1%的水平上显著。说明中国的国际旅游发展对对外开放度提高有显著的促进作用。

因为旅游业本身具有开放性质，旅游业发展早期具有明显的"外交"导向，国际旅游发展会通过旅游者的信息交流、文化传递，促进对外贸易活动发展。随着入境旅游的进一步发展，越来越多的外国旅游者进入到中国开展旅游活动，旅游者在旅游活动中对中国经济发展情况有了初步印象，对投资政策和投资环境了解进一步加深，因此更有可能增加对中国的贸易。

6.2.2.3 东部旅游专业化对制造业发展的影响

将制造业发展作为传导变量代入传导模型：

$$Z_{it} = \alpha_0 + \alpha_1 \ln Y_{i,t-1} + \alpha_2 TS_{it} + \mu_{it} \qquad (6.1)$$

得到方程：$MD_{it} = \alpha_0 + \alpha_1 \ln Y_{i,t-1} + \alpha_2 TS_{it} + \mu_{it}$。

回归所得结果在表6-1模型（5）显示。旅游专业化的回归系数为负数，置信区间在10%。旅游专业化的回归系数为负数，说明旅游专业化程度提高对东部的制造业发展没有发挥积极作用。有学者以11个资源型城市为案例实证研究显示，旅游繁荣对制造业造成抑制现象。[105]同时三亚、张家界等统计数据也表明旅游收入占比高的城市制造业占比低。首先，制造业由于具有"干中学"、技术外溢及规模经济等特征而被认为是长期经济增长的核心动力和必要基础，对一个国家或地区经济发展的质和量都具有至关重要的作用。然而，旅游作为一种资源依赖型产业，具有一定的初级产业特征，对劳动力素质要求低，容易将制造业的劳动力吸引到旅游部门，对制造业有挤出效应；另外，由于对旅游业的"投入低回报高，对劳动力素质要求低，对环境破坏小"的传统认知，成为政府在有资源禀赋基础时的优先发展产业，旅游业的占比高将有可能诱发"去工业化"效应。

旅游作为经济发展的要素，与经济系统中其他要素之间有着千丝万缕的联系。旅游业发展离不开饭店、交通、景点等基础设施，旅游目的地旅游专业化程度越高，当地政府相对越重视对基础设施的投入，旅游专业化度越高也更易推动旅游房地产投资，这些都将影响到制造业等工业部门的投资总量。旅游服务所需劳动力数量大、层次低，旅游专业化越高就可能将越多的劳动力吸引到旅游服务部门，从而形成对制造业部门的劳动力转移。旅游专业化越高，政府就越重视旅业业发展，因而将更多的资源投入到旅游部门而减少了对工业等其他产业的投入。旅游专业化越高的地区，旅游在经济体中所占地位越高，政府也愈加重视旅游生态环境，为维护旅游产业的"无烟产业"特点而牺牲工业建设的内容。

6.3 西部旅游专业化对传导要素的作用分析

6.3.1 西部旅游专业化对传导要素的正向传导作用

6.3.1.1 西部旅游专业化对科技创新投入的影响

将科技创新投入作为传导变量代入传导模型：

$$Z_{it} = \alpha_0 + \alpha_1 \ln Y_{i,t-1} + \alpha_2 TS_{it} + \mu_{it} \tag{6.1}$$

得到方程：$RD_{it} = \alpha_0 + \alpha_1 \ln Y_{i,t-1} + \alpha_2 TS_{it} + \mu_{it}$。

回归所得结果在表 6－1 模型（2）显示。旅游专业化的回归系数为正数，在 1% 水平上显著，说明西部地区旅游专业化对科技创新投入有正向促进作用，这与东部地区有明显差异。

科技对旅游发展具有重要的作用和意义。如打造现代化的旅游目的地、创新旅游商品、完善旅游服务体系、保护自然环境、保障旅游安全等需要科技做支撑。[193]同时，科技推动新的旅游消费方式的发展，提升了旅游企业的运作能力，改进了政府的营销模式等。[194]

西部地区的旅游科技发展的基础条件决定了其有广阔的舞台。西部地区的旅游科技发展具有特殊的优势和机遇，也有一定的困难和挑战。如，优势和机遇方面：旅游业关联度强，可与其他部门与产业共享资源；旅游的转型升级呼唤科技质量提升，重点风景名胜区进行数字化建设的试点，国家西部大开发政策对新疆、西藏等地加大扶持力度，提高生态环境保护能力的需求等对旅游科技有大力推动作用。困难和挑战主要表现为：区域经济发展尚落后，资金投入不足，科技人才缺乏，创新环境较差，生态系统十分脆弱，原生态的民族村寨、历史遗迹、自然遗产丰富，旅游技术普适性较东部差，需要科技的大力投入。因此随着西部旅游产业的繁荣发展，政府对科技兴旅将更加重视。[195]

虽然西部的旅游科技有巨大的发展空间，但西部地区进行旅游科技创新时切忌眉毛胡子一把抓，而是应该分类选择性推进。对于通用型强的技术，不需自行研发，应采用直接引进的方式即可，如 IT 技术、GPS 技术、新能源技术、智能化景区等；对于因一定地域特色而产生的特殊技术要求，应采用引进和改造的方式，如针对西部生态脆弱区山地、荒地、沙地、河流等环境技术的移植创新；对于具有唯一性的地域特征、其他地区尚无的技术，应采用本地研发为主，再多渠道、多方位对旅游科技成果进行转化和扩散。东部地区的旅游专业化对科技投入的作用没有像西部一样明显，是由于东部相对复杂的产业环境及庞大的经济总量，使旅游的科技促进作用不显著。

为了保证西部旅游对科技的促进作用，西部地区应以政府为引导、市场做导向、企业为主体、资源为基础，构建全面的交流合作机制、宣传教育机制、协调机制、监督机制等，将研发机构、科研院校、行业协会、行政部门等形成合力，整合各部门、协会的资金、技术、人力资本等做好科技实践工作。如在各方共同作用下，新疆的塔河流域治理、湿地保护、防风固沙工程等已投入大量人力、财力、物力，也取得了遏制生态环境继续恶化的系列成果。

6.3.1.2 西部旅游专业化对制造业发展的影响

将制造业发展作为传导变量代入传导模型：

$$Z_{it} = \alpha_0 + \alpha_1 \ln Y_{i,t-1} + \alpha_2 TS_{it} + \mu_{it} \qquad (6.1)$$

得到方程：$MD_{it} = \alpha_0 + \alpha_1 \ln Y_{i,t-1} + \alpha_2 TS_{it} + \mu_{it}$。

回归所得结果在表 6-1 模型（5）显示。旅游专业化的回归系数为正数，置信区间在 40%。旅游专业化的回归系数为正数，虽不显著，但至少说明西部旅游繁荣对其制造业发展没有挤出效应。

西部地区发展旅游业是根据其自身的资源禀赋、经济基础的综合条件而做出的一个选择，制造业的发展会受此选择的一定影响，但可能更大的原因还来自制造业在西部地区发展自身的先天不足，即如果我们放弃对旅游产业的发展，制造业并不会因此而有更好的发展。说明西部地区的旅游发展对制造业没有明显挤出，而是表现出不太显著的促进作用。因为旅游业涵盖了食、住、行、游、购、娱等多项要素，每一项要素的产品都来自制造业的产出。如酒店的建筑材料、酒店所使用的厨房设施设备、餐厅设施设备、多功能会议厅设施设备、客房设施设备、消防设施设备；旅游的交通工具、景点的建筑设施、旅游商品的研发生产、各项娱乐设施、科技旅游的智能设备等都源于制造业。因此，旅游的高度发展在一定程度上可以带动旅游制造业的发展。因为旅游者消费的不是其中某一种产品，而是一组综合的"产品束"，[196-197]旅游业的高度发展也可能通过产业集聚效应而促进深工业化。[198]

可以理解为，与东部相比西部的制造业本身基础薄弱，显得实力不足，但是旅游业的发展加大了对制造业产品的需求，从而推动了西部地区制造业发展。其实，旅游业发展对制造业发展存在潜在的拉动或挤出效应，在不同地区两种力量的表现有所差异，最终导致了东部的挤出，西部的拉动。但是随着经济的不断向前发展，产业转移的推进，这两种效应之间孰强孰弱还需根据特定时段的样本进行具体分析。

6.3.1.3 西部旅游专业化对基础设施的影响

将基础设施作为传导变量代入传导模型：

$$Z_{it} = \alpha_0 + \alpha_1 \ln Y_{i,t-1} + \alpha_2 TS_{it} + \mu_{it} \qquad (6.1)$$

得到方程：$INF_{it} = \alpha_0 + \alpha_1 \ln Y_{i,t-1} + \alpha_2 TS_{it} + \mu_{it}$。

回归所得结果在表6-1模型（6）显示。旅游专业化的回归系数为正数，在1%水平上显著。说明西部地区旅游专业化对基础设施投入有正向促进作用，与东部地区一致，原因分析见前述对东部的分析。

6.3.1.4 西部旅游专业化对产业结构的影响

将产业结构作为传导变量代入传导模型：

$$Z_{it} = \alpha_0 + \alpha_1 \ln Y_{i,t-1} + \alpha_2 TS_{it} + \mu_{it} \qquad (6.1)$$

得到方程：$STR_{it} = \alpha_0 + \alpha_1 \ln Y_{i,t-1} + \alpha_2 TS_{it} + \mu_{it}$。

回归所得结果在表6-1模型（7）显示。旅游专业化的回归系数为正数，在1%水平上显著。说明西部地区旅游专业化对产业结构转换有正向促进作用，与东部地区一致，原因分析见前述对东部的分析。

6.3.1.5 西部旅游专业化对政府干预的影响

将政府干预作为传导变量代入传导模型：

$$Z_{it} = \alpha_0 + \alpha_1 \ln Y_{i,t-1} + \alpha_2 TS_{it} + \mu_{it} \qquad (6.1)$$

得到方程：$GI_{it} = \alpha_0 + \alpha_1 \ln Y_{i,t-1} + \alpha_2 TS_{it} + \mu_{it}$。

回归所得结果在表 6 – 1 模型（8）显示。旅游专业化的回归系数为正数，在 1% 水平上显著。说明西部地区旅游专业化对政府干预有正向促进作用，与东部地区一致，原因分析见前述对东部的分析。

6.3.1.6 西部旅游专业化对 CPI 的影响

将 CPI 作为传导变量代入传导模型：

$$Z_{it} = \alpha_0 + \alpha_1 \ln Y_{i,t-1} + \alpha_2 TS_{it} + \mu_{it} \qquad (6.1)$$

得到方程：$CPI_{it} = \alpha_0 + \alpha_1 \ln Y_{i,t-1} + \alpha_2 TS_{it} + \mu_{it}$。

回归所得结果在表 6 – 1 模型（9）显示。旅游专业化的回归系数为正数，置信区间为 15%。说明西部地区旅游专业化对 CPI 有正向促进作用，但显著度不高，这与东部地区一致。原因分析见前述对东部的分析。

6.3.2 西部旅游专业化对传导要素的负向传导作用

6.3.2.1 西部旅游专业化对物质资本投资的影响

解释变量为物质资本投资时，旅游专业化的系数为不显著的正数。

将物质资本投资作为传导变量代入传导模型：

$$Z_{it} = \alpha_0 + \alpha_1 \ln Y_{i,t-1} + \alpha_2 TS_{it} + \mu_{it} \qquad (6.1)$$

得到方程：$FIG_{it} = \alpha_0 + \alpha_1 \ln Y_{i,t-1} + \alpha_2 TS_{it} + \mu_{it}$。

回归所得结果在表 6 – 1 模型（1）显示。旅游专业化对物质资本投资的回归系数为负数，1% 水平上显著。

西部地区旅游业的固定资产投资主要来自旅游景区、旅游酒店、旅行社，相对东部地区，旅游酒店投资规模、层次都较小。旅游业固定资产相对比其他制造业或工业部门的折旧率低，使用年限长等特点，国家有关统计数据分析显示，2000～2012年，除2002年、2005年两个年份外，其他年份的旅游业固定资产增长率基本都低于全社会固定资产增长率，这种差距有越来越明显的趋势，说明旅游投资降低了全社会投资的效率。[12]

左冰利用全国截面数据对旅游业的繁荣对其他部门投资挤出现象进行研究，发现在全国层面上旅游扩张确实削弱了其他产业的投资水平。而本章的研究发现东西部对资本的投资作用是有差异的。东部表现为不显著的正数，是因为东部地区的旅游投资规模、层次比西部的相对要高，且东部的旅游地产发展较好，其间接拉动了全社会固定资产投资，而且东部地区发展较好，投资渠道多元化，若将旅游业的收入转换为投资，有助于实现良性循环。

6.3.2.2　西部旅游专业化对人力资本的影响

将人力资本作为传导变量代入传导模型：

$$Z_{it} = \alpha_0 + \alpha_1 \ln Y_{i,t-1} + \alpha_2 TS_{it} + \mu_{it} \quad (6.1)$$

得到方程：$HP_{it} = \alpha_0 + \alpha_1 \ln Y_{i,t-1} + \alpha_2 TS_{it} + \mu_{it}$。

回归所得结果在表6-1模型（2）显示。旅游专业化的回归系数为负数，置信区间为15%。说明西部地区旅游专业化对人力资本发展没有积极促进作用，存在潜在的削弱效应。通过6.2节的分析发现，东部旅游发展可通过文化交流、对照效应、示范效应等形式激励旅游目的地居民提升自身的知识、技能等。而西部则与东部有较大差异，其对人力资本投资存在潜在的挤出效应，这反映了西部与东部的旅游发展模式的差异。相对东部而言西部地区的旅游发展层次较低，产业的融合功能不足，旅游产业发展时旅游者的参与性较弱，因此旅游者对当地居民带来的人力资本促进效应较弱。从另一个侧面看，由于西部地区的旅游产业发展层次低，对劳动力的素质要求不高，而当地部分农民能就地"转业"为商贩、向导等，西部这种外部环境对人力资本要求不高，加之居民对提升知识、技能的内在动力不足，就导致了旅游专业化提高对人力资本挤出的现象。

另外，由于旅游的低就业门槛，资源、劳动力向旅游部门集中，致使劳动力从制造业部门流入到旅游部门；某种程度上会削弱制造业和其他产业的收入效应，非资源部门的高端人力资本的投资回报率降低，使人力资本的投入力度下降。即使假设西部旅游发展对人力资本投资有一定的积极作用，随着基于旅游产生的信息传播能力增强，西部地区人才的流失现象也增强了。

6.3.2.3 西部旅游专业化对对外开放度的影响

将对外开度作为传导变量代入传导模型：

$$Z_{it} = \alpha_0 + \alpha_1 \ln Y_{i,t-1} + \alpha_2 TS_{it} + \mu_{it} \qquad (6.1)$$

得到方程：$OP_{it} = \alpha_0 + \alpha_1 \ln Y_{i,t-1} + \alpha_2 TS_{it} + \mu_{it}$。

回归所得结果在表 6-1 模型（4）显示。旅游专业化的回归系数为负数，1% 水平上显著。

西部地区旅游收入占比越高，其对外开放度越低，因为国内旅游的仍然是中国旅游业的主体，目前西部地区对外开放度的服务、货物贸易以初级产品为主，旅游的繁荣可能会导致对这些初级产品的部分挤出效应。进一步将国际旅游收入占 GDP 比重与对外开放度进行回归分析发现，前者对后者具有正向的促进效果，说明国际旅游发展与对外开放互相促进。

6.4 旅游专业化对经济增长的传导效应

在第5章，我们分别对东部与西部区域的旅游专业化及相关控制变量对经济增长的影响进行了定量分析；在本章第2、3节，我们将各控制变量作为传导变量，考察旅游专业化对各传导变量的影响；本节主要是综合以上两部分内容来考察旅游专业化及其通过各种传导因素对东西部经济增长所产生的影响情况。

在传导方式中，旅游专业化对各要素既有可能为挤出效应也可能为促进作用。当旅游专业化提高能带动某要素发展时，旅游对其为促进作用；当旅游专业化提高会削弱某要素发展时，旅游对其为挤出效应。通过对前文内容的总结，可以做出东部、西部旅游专业化对区域经济增长的传导效应图（见图 6-1、图 6-2）。

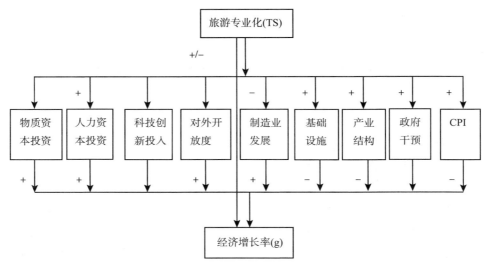

图 6 - 1　东部旅游专业化对区域经济增长的传导效应

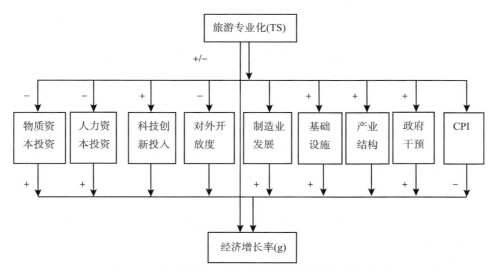

图 6 - 2　西部旅游专业化对区域经济增长的传导效应

6.4.1　东部旅游专业化—要素—经济传导效应分析

根据前文的分析结果，我们可以用图 6-1 来描述旅游专业化及其通过各种传导因素对东部经济增长所产生的影响情况。根据表 5-2 的结果，旅游专业化对经济增长的直接影响表现为先促进后阻碍的倒 U 型曲线。在旅游专业化程度小于拐点值时，旅游专业化促进经济增长，当旅游专业化程度大于拐点值时，旅游专业化提高将阻碍经济增长。除直接影响外，旅游专业化还可以通过对人力资本投资、制造业发展、基础设施、产业结构、物价水平等要素影响经济增长。其中旅游专业化通过对人力资本投资的促进作用加强对经济增长的正向影响；通过削弱制造业发展而形成荷兰病效应；通过基础设施的过度投资造成拥塞效应；因过度提高第三产业比重而对工业产生挤出效应；通过促进物价水平上涨而阻碍经济增长，下面详细分析。

旅游专业化—基础设施—经济增长：旅游专业化程度提高促进基础设施建设，加大基础设施建设不利于经济增长率的提高，其中主要因为旅游产业的高度发展使基础设施高度扩张，而这种扩张有过犹不及之嫌，过多的基础建设投资会拖累东部地区的经济增长率，因东部旅游发展经济增长的影响可能存在"基础设施过剩假说"。[199]

旅游专业化—产业结构—经济增长：旅游专业化程度提高使第三产业占比增大，第三产业占比增大不利于东部经济增长率的提高，因为旅游作为第三产业，其主要是带动相关服务业的发展，如果旅游业占比过高则会影响到工业占比，而有关研究及现实证实工业发展仍然是当前中国经济发展的关键动力。

旅游专业化—政府干预—经济增长：对于旅游专业化提高会加大政府的干预程度，而政府干预过度则不利于经济增长。首先从政府干预对经济发展的意义来看，财政支出常作为政府对经济干预的一种重要手段，其主要目的是调整市场机制在资源配置方面可能的失灵以弥补市场机制存在的不足。但需要注意的是，政府对市场的干预程度应在一个合理的限度内，如果政府干预力度过大反而会减缓经济的市场化进程、降低要素的配置效率，从而阻碍经济发展。旅游业依托于自然资源产业发展，其资源利用受到政府的主导，同时旅游发展既可能提升社会公共福利，也可能带来的环境效应负外部性，这都加大了政府的宏观调控可能性。对旅游发展的过度乐观，导致政府会更加重视旅游业的发展，政策将有向旅游业倾斜的可能性加大。

旅游专业化—人力资本—经济增长：旅游专业化提高对人力资本投资具有积极的促进作用，而人力资本对经济增长有正向促进作用，所以综合来看，东部的旅游发展将不会对人力资本、教育投资产生挤出效应，而是有利于经济增长的。

旅游专业化—制造业发展—经济增长：东部的旅游业发展对于制造业发展具有一定的挤出效应，而制造业是东部经济增长的主要动力，因此，旅游专业化提高将会因削弱制造业发展而造成荷兰病效应。

旅游专业化—物价水平—经济增长：旅游业占比提高对促使居民消费价格指数上涨，对居民消费价格指数与经济增长速度的回归发现，系数显著为负，说明过高的居民消费价格指数不利于经济增长。

另外值得一提的是东部地区旅游专业化的提高将削弱科技创新投入，而科技创新的投入虽然在现阶段表现为低效率，但其对于地区经济发展是具有理论与实践的长远意义。因此，旅游专业化的提高将可能通过削弱科技创新投资而减缓东部经济增长速度。另外，东部的入境旅游占比提高将促进对外开放度，对外开放加大将促进东部经济增长速度提高。

因此东部地区在发展旅游业时应更多地关注于不要对基础设施过度投资，而且产业结构应合理化，不能过度、过快地提高第三产业比重，将政府干预控制在合理的范围。

6.4.2 西部旅游专业化—要素—经济传导效应分析

根据前文的分析结果，我们可以用图 6-2 来描述旅游专业化及其通过各种传导因素对西部经济增长所产生的影响情况。根据表 5-3 的结果，旅游专业化对经济增长的直接影响表现为先促进后阻碍的倒 U 型曲线。在旅游专业化程度小于拐点值时，旅游专业化促进经济增长，当旅游专业化程度小于拐点值时旅游专业化提高将阻碍经济增长。除直接影响外，旅游专业化还可以通过对物质资本投资、人力资本投资、对外开放度、基础设施、政府干预等要素影响经济增长，对前三者主要为挤出效应，对后两者为促进作用。

通过对前文内容的总结，可以做出西部旅游专业化对区域经济增长的传导效应图，如图 6 - 2 所示。

旅游专业化—物质资本投资—经济增长：以为传导变量，旅游专业化提高对固定资本投资有负向作用，而固定资本投资对于经济增长发展有正向作用。

旅游专业化—人力资本—经济增长：西部地区的旅游业发展对人力资本投资有潜在的挤出效应，人力资本对经济增长有正向促进作用，因此西部地区旅游发展会对人力资本投资、教育投资存在潜在挤出效应，从而不利于经济增长。

旅游专业化—科技创新投入—经济增长：西部进行旅游发展有利于科技创新的投入，科技创新投入虽在现阶段对经济增长的促进作用不明显，但只要合理规划、调整投资方式、投资结构，科技将很大程度上带动西部地区的经济发展。因此西部地区通过科技创新投入可以促进经济增长。

旅游专业化—对外开放度—经济增长：西部地区旅游专业化的提高对对外开放度表现出负向作用，对外开放度对经济增长有正向促进作用，因此从旅游整体占比来看，旅游发展将削弱对外开放而不利于经济增长。但是我们针对国际旅游收入占 GDP 的研究发现，其比重越高将越有利于对外开放度的提高，这也反映了旅游业的两大组成部分国内旅游业和国际旅游业对对外贸易有着不同的意义。

旅游专业化—制造业—经济增长：西部地区旅游发展对制造业有正向促进作用，但不显著，同时制造业对西部地区的经济增长促进作用不明显，这也反映了西部地区没有因为发展旅游业而对制造业产生挤出效应。

旅游专业化—基础设施—经济增长：西部地区旅游高度发展对于基础设施建设有正向促进作用，基础设施建设对西部地区有正向促进作用，因此西部地区旅游发展可通过基础设施建设而促进经济增长。

旅游专业化—CPI—经济增长：西部地区旅游繁荣发展将导致居民消费价格指数的增高，对其回归分析表明，西部的居民消费价格指数与经济增长呈负向关系。因此，西部旅游业繁荣发展可能通过居民消费价格水平升高而不利于经济增长。

从研究结果可以看出东、西部旅游发展对传导因素的作用差异巨大。东部主要通过对基础设施、产业结构、政府干预、价格水平上涨等方面有助推作用，而导致过犹不及，影响经济增长效率。且东部旅游发展对人力资本为促进作用，对制造业有挤出效应。

西部地区则主要通过对固定资本投资的挤出效应，对外开放的挤出效应、助推物价上涨等因素阻碍了经济增长。但西部地区旅游发展对科技创新投入有促进作用，对制造业有不显著的促进作用。

可见，旅游发展对经济增长具有直接效应，同时还通过传导变量对经济产生间接效应。总体来说应将旅游专业化控制在合理的范围内，使旅游对经济增长的作用保持在收入效应大于资源转移效应的拐点左半部分。

6.4.3 旅游专业化对经济增长传导效应讨论

本章对传导作用的研究得到如下结论：

通过构建面板数据对旅游专业化与全国省际层面的分析发现其系数显著性差，但东部、西部的回归结果较理想，传导作用较明晰。但在不同的区域，旅游专业化对地区各宏观经济因素具有不同的效应。在东部地区旅游专业化主要是对物质资本投资、人力资本、基础设施、产业结构、政府干预具有促进作用，对科技创新投入、对外开放度、制造业发展主要表现为挤出效应；而西部的传导效应与东部的差异较大，西部地区旅游专业化主要是对科技创新投入、制造业发展、基础设施、产业结构表现为促进作用，对物质资本投资、人力资本投资、对外开放度产生挤出效应。东部地区在 10% 的水平上推动当地价格水平上涨，西部地区不显著。

东部的物质资本投资、人力资本、对外开放度、制造业发展对经济增长为正向促进作用，基础设施建设、产业结构升级、物价水平上升具有降低经济增长速度的表现。因此，东部旅游专业化对经济增长具有直接经济效应，同时还通过以下传导路径影响经济增长：东部旅游专业化提高加大了对经济增长有利的因素：物质资本投资、人力资本；挤出了对经济增长有利的因素：对外开放度、制造业发展；助推了对经济增长不利因素：政府干预、物价水平。西部旅游专业化对经济增长也具有直接经济效应，同时还通过以下传导路径影响经济增长：西部旅游专业化提高加大了对经济增长有利的因素：科技创新、基础设施、政府干预；挤出了对经济增长不利的因素：物质资本投资、人力资本投资、对外开放度。传导效应的实证结果表明，我们对于旅游专业化的发展政策不能"一刀切"，而是应该针对东西部地区进行因地制宜的差异化政策，这不仅体现在对专业化适度规模的差异化控制，同样重要的是如何减小地区旅游专业化提高对经济增长要素的挤出效应。

　　旅游专业化对物质资本投入是促进作用还是挤出效应因地区而异，东部具有促进作用，西部地区却表现为挤出效应。原因可能是东部旅游专业化程度提高，旅游业发展繁荣，其促使饭店、旅游地产等需求的增加，导致需求拉动投资的效应；而西部地区的旅游发展虽然提升了饭店、娱乐设施的部分需求，或许由于西部地区政府为了维持旅游"无烟产业"的地位，而宁愿选择牺牲其他产业建设的内容，因此旅游专业化对西部地区的物质资本投资表现为挤出效应。可见不同区域的旅游专业化对物质资本的促进作用或挤出效应不同，这就为各区域将来旅游发展政策的选择提供了依据。

　　旅游专业化对人力资本在东部表现为促进作用，在西部表现为潜在挤出效应。东部旅游发展可通过文化交流、对照效应、示范效应等形式激励旅游目的地居民提升自身的知识、技能等。而西部则与东部有较大差异，其对人力资本投资存在潜在的挤出效应，这反映了西部与东部的旅游发展模式的差异。相对东部而言西部地区的旅游发展层次较低，产业的融合功能不足，旅游产业发展时旅游者的参与性较弱，因此旅游者对当地居民带来的人力资本促进效应较弱。从另一个侧面看，由于西部地区的旅游产业发展层次低，对劳动力的素质要求不高，而当地部分农民能就地"转业"为商贩、向导等，西部这种外部环境对人力资本要求不高，加之居民对提升知识、技能的内在动力不足，就导致了旅游专业化提高对人力资本挤出的现象。

　　旅游专业化对制造业发展在东部表现为挤出效应，在西部没有明显作用。东部的挤出原因可能为：首先，旅游作为一种资源依赖型产业，具有一定的初级产业特征，对劳动力素质要求低，容易将制造业的劳动力吸引到旅游部门，对制造业有挤出效应；其次，由于对旅游业的"投入低回报高，对劳动力素质要求低，对环境破坏小"的传统认知，导致政府在有资源禀赋基础时的优先发展产业，旅游业的占比高将有可能诱发"去工业化"效应。西部地区的旅游发展对制造业没有明显挤出，而是表现出不太显著的促进作用的原因可能为：西部地区发展旅游业是根据其自身的资源禀赋、经济基础的综合条件而做出的一个选择，制造业的发展会受此选择的一定影响，但可能更大的原因还来自制造业在西部地区发展自身的先天不足，即如果我们放弃对旅游产业的发展，制造业并不会因此而有更好的发展。

6.5 本章小结

本章通过使用面板数据模型对旅游专业化对传导要素的作用进行分析发现传导现象在全国层面不明显，但在东部、西部传导作用表现明显，且差异较大。

东部对传导要素具有正向作用的有：人力资本投资、基础设施、产业结构、政府干预、居民消费价格指数；具有负向作用的有：制造业发展、科技创新投入、对外开放度。西部对传导要素具有正向作用的有：科技创新投入、基础设施、产业结构、政府干预；具有负向作用的有：人力资本投资、物质资本投资、对外开放度。再结合各传导要素对经济增长的不同作用，进而归纳明晰旅游专业化—传导要素—经济的传导路径。

第7章

新疆旅游专业化的时空变化及影响因素分析

　　旅游发展影响经济发展，经济社会发展状况也影响着旅游发展的方式、程度，二者间存在相互影响，而两者相互影响的程度存在区域差异的异质性。为了更系统地分析旅游发展对经济增长的影响，本书在对全国样本分析的基础上，再具体分析具有特殊区域特色的案例——新疆维吾尔自治区的状况。因为新疆地处中国西部边疆，旅游资源品种丰富，但远离中国主要的东部客源市场，其旅游发展既依赖于当地基础设施又拉动当地基础设施建设，其特殊的地域特征导致其旅游产业发展政策有别于国内其他省份，因此有必要进一步探析新疆旅游发展与经济增长的关系，并分析其影响因素，从而为旅游发展促进经济增长的策略制定提供依据。

　　本书前几章从宏观角度出发，对整个中国层面旅游专业化与经济增长的关系进行研究。后几章将基于新疆15个地州市2000~2015年间的相关统计数据，从中观角度对新疆旅游专业化进行多维度研究，并探析新疆的发展旅游专业化与经济增长之间的关系，对新疆案例进行深入分析。

　　首先，本章使用熵值法及旅游专业化指数模型对新疆旅游专业化指数进行综合评价；其次，将运用极差、变异系数、重心模型及旅游专业化发展指数模型对新疆旅游专业化的时空变化特征进行刻画；最后，力图通过对旅游资源禀赋、旅游接待能力、交通通达性、地区经济发展状况、旅游服务水平及政府干预程度6方面因素建立面板数据模型，将旅游专业化作为被解释变量，6项基础指标作为解释变量，运用Stata软件进行多元线性回归分析，探析对新疆旅游专业化产生影响的因素。

7.1 新疆旅游专业化时空变化分析

7.1.1 指标选取与说明

在充分考虑到新疆各地州市旅游数据的可获得性、真实性以及科学性，为了多层次、多维度对旅游专业化进行科学测评，在前人研究的基础上，本部分对于旅游专业化（TS）的评价从旅游专业化的广度（TSS）、旅游专业化的深度（TSD）、旅游专业化的质量（TSE）、旅游专业化人力投入效率（TSL）以及旅游专业化物力投入效率（TSK）这五个维度进行研究。其中旅游专业化的广度（TSS）以旅游收入占地区生产总值的比重来评价；旅游专业化的深度（TSD）使用旅游者占当地居民比重来衡量；旅游专业化的质量（TSE）使用人均旅游消费来测算；旅游专业化人力投入效率（TSL）是旅游总收入与旅游从业人数（旅游从业人数是指旅行社、酒店及景区从业人数的加总，但在《新疆统计年鉴》中不可获得，故使用餐饮和住宿业从业人数来表示旅游从业人数）之间的比率，即使用旅游从业人员人均创造的旅游收益进行测度；旅游专业化物力投入效率（TSK）则使用旅游总收入与旅游固定资产投资存量（与旅游从业人数一致，由于数据在统计年鉴中不可获取，故采用餐饮和住宿业固定资产投资存量体现）之间的比率来反映，其中旅游固定资产投资存量是根据张军等做法，运用永续盘存法取其折旧率[162]来计算的，通过各地区对旅游业发展所投入的人力与物力所带来的产出反映各地区旅游专业化发展的效率。在与经济增长关系的研究中为了使数据取对数值后仍有意义，TSS、TSD、TSE、TSL、TSK、TST 均取万分比。

7.1.2 模型构建

7.1.2.1 熵值法

本研究采用的是熵值法确定旅游专业化各指标的权重。[200]设有 h 个待评方案，n 个观测值（n = 1，2，…，15），m 个指标（m = 1，2，…，5），X_{ij} 为第 i 个观测值第 j 个指标。用熵值法确定各指标的权重后可使用加权求和的方法计算旅游专业化指数，用来评价旅游专业化。

首先，将各指标进行标准化处理，再计算第 j 项指标下第 i 个观测值的 m_{ij0} 的比重：

$$m_{ij} = \frac{x_{ij}}{\sum\limits_{i=1}^{n} x_{ij}} \tag{7.1}$$

其次，计算第 j 项指标的熵值 e_j，

$$e_j = -k \sum\limits_{i=1}^{h} m_{ij} \ln m_{ij} \tag{7.2}$$

e_j 越小，指标的效用值越大，指标的权重也越大。其中，k > 0，ln 为自然对数，$e_j \geq 0$ 如果 X_{ij} 对于给定的 j 全部相等，那么：

$$m_{ij} = 1/h$$

此时 e_j 取极大值，即：

$$e_j = -k \sum\limits_{i=1}^{h} (1/h) \ln(1/h) = -k \ln h$$

其中，常数 k = 1/lnh，这样，就能保证 $0 \leq e \leq 1$，即 e_j 最大值为 1。

最后，需要计算指标 X_{ij} 的差异性系数 d_j：

$$d_j = 1 - e_j \tag{7.3}$$

然后再确定第 j 项指标的权重 v_j：

$$v_j = \frac{d_j}{\sum\limits_{i=1}^{h} d_j} \tag{7.4}$$

7.1.2.2 旅游专业化综合指数

为了对旅游专业化进行综合考虑，在前人研究的基础上，本章对于旅游专业化（TS）的评价从旅游专业化的广度（TSS）、旅游专业化的深度（TSD）、旅游专业化的质量（TSE）、旅游专业化人力投入效率（TSL）以及旅游专业化物力投入效率（TSK）这五个方面进行研究。在熵值法的基础上计算出衡量旅游专业化各指标权重后运用加权求和的方法计算各地州市旅游专业化综合指数 TS。

$$TS = \sum_{i=1}^{h} m_{TSS} v_{TSS} + \sum_{i=1}^{h} m_{TSD} v_{TSD} + \sum_{i=1}^{h} m_{TSE} v_{TSE} + \sum_{i=1}^{h} m_{TSL} v_{TSL} + \sum_{i=1}^{h} m_{TSK} v_{TSK}$$

$$(7.5)$$

7.1.2.3 极差

极差是用来测量样本间的绝对差异，指的是某一指标的最大值与最小值之间的差。它反映了各区域间某种指标变化的最大绝对差异状况。[201] 其公式为：

$$R = TS_{max} - TS_{min} \qquad (7.6)$$

式（7.6）中，TS_{max} 表示旅游专业化综合指数最大值，TS_{min} 表示旅游专业化综合指数最小值，R 越大，说明各地区间旅游专业化综合指数差异越大。

7.1.2.4 变异系数

变异系数（CV）是衡量组内各观测值的相对差异的统计量，通常用于比较不同组别数据离散程度的大小。[202] 一组旅游专业化综合指数的 CV 值越大，表明组内旅游旅游专业化的分异程度越大，CV 值越小，表明组内旅游专业化的分异程度越小、旅游专业化的分布越均衡。其计算公式为：

$$CV = \frac{S}{\mu} = \frac{\sqrt{\sum_{i=1}^{n} (TS_i - \overline{TS})^2 / n}}{\mu} \qquad (7.7)$$

式（7.7）中，TS_i 代表第 i 个地区旅游专业化综合指数，$\overline{TS}$ 代表各地区旅游专业化综合指数平均值，n 为地区个数，μ 为数列平均值。

7.1.2.5 重心模型

重心是指某属性在区域空间上保持的均衡程度。旅游专业化重心的变动轨迹能体现旅游专业化的空间变化规律，其计算公式为：

$$N = \sum_{i=1}^{m} TS_i n_i \Big/ \sum_{i=1}^{m} TS_i \qquad (7.8)$$

$$E = \sum_{i=1}^{m} TS_i e_i \Big/ \sum_{i=1}^{m} TS_i \qquad (7.9)$$

其中，N、E 分别表示旅游专业化重心的经纬坐标，n_i 和 e_i 分别为各地州的地理经纬坐标，TS_i 表示旅游专业化综合指数。

7.1.2.6 旅游专业化发展程度指数模型

各地州市旅游专业化综合指数与全疆平均旅游专业化综合指数的比值，反映各地区旅游专业化发展水平。比值大于 1，旅游专业化发展水平高于全疆平均水平，小于 1 则落后于全疆平均水平。[203]计算公式为：

$$Q = TS/\overline{TS} \tag{7.10}$$

式（7.10）中，TS 和 $\overline{TS}$ 分别代表第 i 个地区旅游专业化综合指数和全疆各地区旅游专业化综合指数的平均值。

7.1.3 新疆旅游专业化时序变化分析

本小节以新疆 15 个地州市作为研究单元，根据前文熵值法与加权求和法对旅游专业化综合指数进行测算，再根据式（7.6）与式（7.7）计算出各地区间 2000～2015 年旅游专业化综合指数的极差与变异系数，用来反映旅游专业化的年际变化的绝对差异与相对差异。

7.1.3.1 总体变化特征

从图 7-1 整体而言，一方面可以看出新疆 2000～2015 年旅游专业化发展在波动中变化，另一方面旅游专业化综合指数的相对差异与绝对差异的走势基本一致，二者都大致呈现以 2009 年为分界点，形成以 2000～2009 年先大幅降低，到 2010～2015 年再缓慢上升的变化趋势。表明新疆旅游专业化的相对差异与绝对差异在 2009 年前虽变化突出但呈现下降趋势，反映出在 2009 年前新疆旅游专业化年际化幅度较大但呈趋于平衡的状态；还可以看出 2009 年后新疆旅游专业化年际变化差异有所反弹，但速度较为平缓，表明新疆旅游专业化发展不平衡的状况依旧存在并呈现逐年缓慢扩大的趋势。

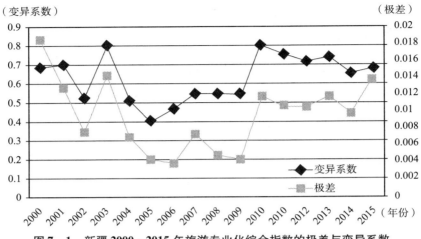

图 7 - 1　新疆 2000～2015 年旅游专业化综合指数的极差与变异系数

7.1.3.2　绝对差异变化状况

图 7 - 1 中极差的变化反映了新疆 15 个地州市 2000～2015 年旅游专业化综合指数绝对差异的综合变化情况。从中可以看出，极差的波动大致分为三个阶段：第一阶段是 2000～2003 年，新疆旅游专业化的绝对差异呈现在波动中下降的特征且 2000 年为这 17 年极差的最大值，即达到最大差异水平。自进入 21 世纪，新疆的旅游业有了长足的发展，因此自 2000～2002 年，旅游专业化的绝对差异逐年缩小，直至 2003 年虽差距再次拉大，但差异依旧小于 2000 年。第二阶段为 2004～2010 年，该阶段极差呈现出类 "W" 状变化，整体呈现逐年降低的趋势。2009 年受 "7·5 事件" 的影响该年虽依旧呈现旅游专业化发展较为均衡的状态，但这一年新疆 15 个地州市专业化指数的最大值与最小值都稍低于其他年份，形成了看似差异较小的绝对差异，因此 2010 年受到此突发事件影响，新疆旅游专业化差异再次拉大。第三阶段是 2011～2015 年，该阶段极差呈现缓慢增长的态势，说明新疆旅游专业化的不平衡状态逐年缓慢扩大。和 2009 年类似，在此阶段其他年份极差都在缓慢增大，而 2014 年受 "昆明火车站暴恐事件" 影响在该年出现了极差减小的状况。

7.1.3.3　相对差异变化状况

图 7 - 1 中变异系数的变化反映了新疆 15 个地州市 2000～2015 年旅游专

业化综合指数绝对差异的综合变化情况。从图中可将变异系数的变化也大致分为三个阶段：第一阶段是 2000～2003 年，新疆旅游专业化的相对差异呈现在波动中上升的趋势，且在 2003 年达到这 17 年中变异系数的最大值，即在 2003 年旅游专业化的发展最不均衡。第二阶段为 2004～2010 年，变异系数呈现先下降再上升的变化趋势。在此阶段，新疆旅游专业化相对差异本逐渐趋于平衡，但后受到金融危机等事件的影响，新疆旅游业发展陷入低谷，以南疆为甚，因此该阶段旅游专业化不平衡状况再次扩大。第三阶段为 2011～2015 年，新疆旅游专业化的相对差异逐年减小。随着新疆旅游业这些年的复苏，各地区间发展差距逐渐减小。因而，新疆各地区在此阶段发展相对差异逐渐缓慢减小，区域间发展逐渐趋于平衡。

7.1.4 新疆旅游专业化空间变化分析

7.1.4.1 新疆旅游专业化空间纵向变化差异

由图 7-2 可以看出，2000～2015 年新疆旅游专业化重心在 83.04°N～86.21°N、42.03°E～44.30°E 变化，迁移总距离为 360.223 公里。其中 2000～2002 年旅游专业化保持向东北方向偏移的态势，偏移距离为 185.031 公里，因受"SARS"影响，旅游专业化重心在 2003 年又大幅度向西偏移，偏移距离为 116.468 公里。在 2003～2010 年基本保持向东偏移的态势，偏移距离为 204.546 公里，说明该阶段新疆旅游专业化发展东西不平衡的状况在加剧且逐渐向东偏移，不同于极差与变异系数的变化情况，由于突发事件对全疆的影响都较为突出，所以突发事件对新疆旅游专业化空间上的迁移影响并不显著。在 2011～2015 年旅游专业化重心大致呈现向北发展的态势，偏移距离为 104.652 公里，说明该阶段新疆旅游专业化发展南北差异逐渐凸显且向北偏移。从整体而言，2000～2015 年新疆旅游专业化大致呈现向东北方向偏移的态势，且往东偏移距离更大，表明新疆旅游专业化发展不仅在南北方向上有差距，东西方向上发展更不均衡。

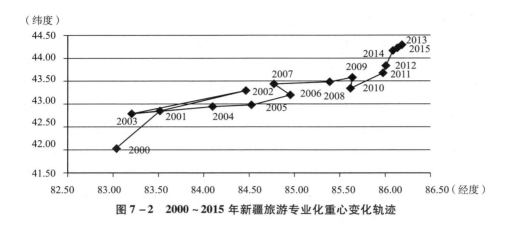

图 7 - 2　2000 ～ 2015 年新疆旅游专业化重心变化轨迹

7.1.4.2　新疆旅游专业化空间横向变化差异

由于样本量大，2000 年和 2015 年为样本起止年，且 2005 年、2010 年分别为国民经济计划"十五"和"十一五"截止年，并且为了排除 2003 年、2009 年以及 2014 年这三年中突发事件的干扰，因此选择 2000 年、2005 年、2010 年、2015 年这 4 年作为时间断面，根据式（7.10）计算全疆各地区旅游专业化发展程度指数，计算结果见表 7-1。

表 7 - 1　　　　　　　新疆各地州市旅游专业化发展程度指数

地区	2000 年	2005 年	2010 年	2015 年
乌鲁木齐市	1.3453	1.6064	1.4037	1.0436
克拉玛依市	0.5383	0.6842	0.7725	1.4203
石河子市	0.5182	1.7744	0.9750	1.8907
吐鲁番市	0.6949	1.3432	3.6277	2.3750
哈密市	1.5570	1.1964	0.8926	0.7990
昌吉回族自治州	0.6145	0.5758	0.4374	1.0527
伊犁州直属县（市）	0.8214	0.6749	0.5217	1.0157
塔城地区	0.3553	0.6052	0.4719	0.5935
阿勒泰地区	1.0040	1.3108	1.7688	2.1240

地区	2000 年	2005 年	2010 年	2015 年
博尔塔拉蒙古自治州	0.6577	0.8030	0.6756	0.8855
巴音郭楞蒙古自治州	0.4001	0.5616	0.7683	0.9290
阿克苏地区	0.6101	0.4029	0.4068	0.2194
克孜勒苏柯尔克孜自治州	1.0307	1.0559	1.3018	0.3377
喀什地区	1.0371	1.1819	0.5104	0.1809
和田地区	1.8153	1.2234	0.4660	0.1331

从表 7 – 1 我们可以看到在 2000 年有乌鲁木齐市、哈密市、阿勒泰地区、克孜勒苏柯尔克孜自治州、喀什地区及和田地区 6 个地州市旅游专业化发展程度指数高于全疆平均水平。2005 年有乌鲁木齐市、石河子市、吐鲁番市、哈密市、阿勒泰地区、克孜勒苏柯尔克孜自治州、喀什地区及和田地区 8 个地州市旅游专业化发展程度指数高于全疆平均水平，较 2000 年增加了 2 个地市，说明全疆大部分地区旅游专业化发展态势良好。2010 年只有乌鲁木齐市、吐鲁番市、阿勒泰地区及克孜勒苏柯尔克孜自治州 4 个地州市旅游专业化发展程度指数高于全疆水平，较 2010 年缩水严重，说明大部分地区不但没有跟上全疆的发展水平，且差距愈发显著。2015 年有乌鲁木齐市、克拉玛依市、石河子市、吐鲁番市、昌吉回族自治州、伊犁州直属县（市）及阿勒泰地区 7 个地州市旅游专业化发展程度指数高于全疆水平，说明新疆旅游专业化发展有所回暖，另外这 7 个地州市全部属于北疆，说明南疆旅游专业化发展严重落后于北疆。就这四年而言，南疆 5 个地州除巴音郭楞蒙古自治州外其余 4 个地州旅游专业化发展程度指数均逐年下降，说明南疆旅游专业化发展水平较为低下且逐年落后于全疆旅游大发展的浪潮。伊犁州直属县（市）、昌吉回族自治州、阿勒泰地区及巴音郭楞蒙古自治州这 4 个地州则呈现逐年增长态势，说明其旅游专业化发展态势良好，发展潜力较大。剩下 7 个地区变化则较为稳定。除南疆外，其他地州市旅游专业化发展趋于平稳，地区差距逐年缩小，但南北疆差距却逐年凸显。

7.2 新疆旅游专业化影响因素分析

影响旅游专业化发展制约因素复杂多样,从全球气候变化到地区地貌地形条件变化都会影响旅游专业化的发展。旅游产业本身具有复杂性、综合性,因此旅游经济发展也受到多重因素影响,已有研究显示,旅游资源禀赋、区位交通条件、区域经济背景、旅游服务水平、政策等都对区域旅游经济发展产生重要影响。[204]旅游资源是旅游业发展的物质基础;旅行社是旅游产业各部门联系的纽带;良好的旅游交通通达性是旅游资源开发和旅游地建设的必要条件,对旅游目的地的运营和稳步发展至关重要;[205]经济的发展与人民生活水平的提高促进旅游业的快速发展;旅游服务的优良促使旅游企业之间不断地竞争;政府适当的干预可以规范旅游市场,对专业化发展产生影响。以上因素对不同地区的影响因地而异,对新疆旅游专业化的影响也应该存在差别,本部分将要探讨这些因素对新疆旅游专业化的影响。据此,本部分的研究主要着眼于旅游资源禀赋、旅游接待能力、交通通达性、地区经济发展水平、旅游服务水平及政府干预程度 6 个因素对旅游专业化的影响,并分析其在新疆旅游专业化的具体表现。

7.2.1 模型指标选取与说明

旅游专业化综合指数 lnTS。旅游专业化作为解释变量,根据前文熵值法与加权求和法得出旅游专业化综合指数 TS,以求对旅游专业化进行综合分析。为使数据尽量平缓,我们对其进行对数化处理,以减小数据的波动性。

旅游资源禀赋 lnTR。旅游资源禀赋使用的是 A 级景区的数量、国家非物质文化遗产的数量以及国家重点文物保护单位的数量这 3 个指标之和(TR)来表示。旅游资源丰度是衡量一个区域旅游资源的丰富程度,以及评价该区域是否具有旅游开发潜力的重要指标之一,同时也是对一个旅游地进行开发建设和可行性论证的科学依据。

旅游接待能力 lnTA。旅游业的发展离不开旅游基础设施的支撑,基础设施水平的高低决定着旅游接待能力的强弱，旅游基础设施主要包括旅游饭店、旅行社及游览娱乐、购物休闲等基本物质设备。[206]基于数据的可获得性，本部分使用旅行社的数量（TA）来表示旅游接待能力。

交通通达性 lnHM。良好的交通通达性是区域优先发展的有力条件。由于新疆地域辽阔，对于新疆而言，民航与铁路虽也是较为理想的出行方式，但民航载客量有限且成本过高，且民航与铁路覆盖面略低于公路交通，公路交通成为串联各地区的主要方式。因此，本部分使用公路里程数来表示交通通达性。

地区经济发展水平 lnGDP。本部分探讨的是经济的发展水平对旅游专业化的影响，在此使用地区生产总值（GDP）来测量地区经济发展水平。

旅游服务水平 lnSL。采用中等专业学校在校学生数进行表示。随着新疆教育的发展，高中等学历学生已成为社会的主要发展力量。基于新疆数据的可获得性，本章选择中等专业学校在校学生数（人）来衡量旅游服务水平。

政府干预程度 lnGI。政府对经济进行适当程度的干预有助于优化资源配置、建立良好公共秩序，克服市场失灵，从而有助于提高全社会生产效率。基于数据可获得性，本部分使用一般公共预算支出占 GDP 的比重表示政府干预程度，用符号 GI 表示。

7.2.2 面板数据回归模型构建

为研究影响旅游专业化的因素，本章将旅游专业化综合指数（TS）作为被解释变量，旅游资源禀赋、旅游接待能力、交通通达性、地区经济发展水平、旅游服务水平及政府干预程度 6 个指标作为解释变量，构建如下模型：

$$\ln TS = b_0 + b_1 \ln TR + b_2 \ln TA + b_3 \ln HM + b_4 \ln GDP + b_5 \ln SL + b_\epsilon \ln GI + e$$

$$(7.11)$$

式中：b_0 为常数项，b_1，b_2，$\cdots$，b_6 待估计的参数，e 为随机扰动项；lnTS、lnTR、lnTA、lnHM、lnGDP、lnSL 及 lnGI 分别是 TS、TR、TA、HM、GDP、SL 及 GI 的自然对数。

7.2.3 模型估计结果

根据面板数据的特性，在回归模型的设定的有效性问题上，我们需要检验混合估计模型、固定效应模型以及随机效应模型的有效性。对于混合估计模型和固定效应模型，我们可以使用 F 检验来判别其有效性；对于固定效应模型和随机效应模型，通常用 Hausman 检验判断其适用性。本章采用 Stata 软件，通过 Hausman 检验 Prob > chi2 = 0.0000，因此选用固定效应模型，得到的结果详见表 7 - 2。

表 7 - 2   新疆旅游专业化影响因素面板分析估计结果

变量	系数值	p 值	显著水平
lnTR	0.0317452	0.045	0.05
lnTA	0.0326333	0.024	0.05
lnHM	0.0297134	0.003	0.01
lnGDP	− 0.3305418	0.011	0.05
lnSL	0.1190462	0.103	不显著
lnGI	− 0.1190462	0.483	不显著
b_0	− 2.379964	0.013	0.05

分析表 7 - 2，旅游资源禀赋、旅游接待能力、交通通达性和地区经济发展水平 p 值分别为 0.045、0.024、0.003 和 0.011，在 0.01 和 0.05 的水平下显著，说明对旅游专业化的影响很大。旅游资源禀赋、旅游接待能力以及交通通达性系数值分别为 0.0317、0.0326 和 0.0397，说明三者对旅游专业化有促进作用；而且，这三者的系数值中旅游接待能力的系数值最大，说明旅游接待能力对旅游专业化的影响更大。地区经济发展水平系数值为 − 0.3305，说明地区经济发展水平对旅游专业化有强烈的反作用；旅游服务水平和政府干预程度的 P 值在 0.01、0.05 以及 0.1 水平下都不显著，说明二者对旅游专业化基本无影响。

从面板分析估计结果来看，旅游接待能力是旅游专业化的影响因素之一，并具有强烈的正向影响。旅游接待能力的强弱是一个地区游客可进入性的一个重要衡量标准，游客的可进入性提高，才会有更多流动的客源带动消费，创造旅游收益，旅游接待能力的提高对旅游专业化的影响是不容忽视的。旅游资源禀赋是旅游专业化的正向影响因素之一，旅游资源作为发展旅游业的基本要素，丰富的旅游资源可以吸引大量的游客前来参观游览并消费，进而促使旅游收入的大幅增加，提高旅游专业化的程度；就本部分而言，似乎经济发展水平对旅游专业化产生了抑制作用，这看似与我们的经验相悖。这是因为旅游的发展会对其他的经济部门以及整个地区经济产生较大的带动作用，表面呈现出就旅游这一产业所带来的经济效益落后于地区经济的发展速度，据有关研究显示旅游具有巨大的乘数效应，而旅游专业化的一个重要指标是旅游收入占 GDP 的比重，因而呈现出经济发展水平对旅游专业化有反作用。交通通达性对旅游专业化也有较为重要的正向影响。新疆地域辽阔，各旅游目的地之间相距较远，强大的交通网为游客在疆内的旅游活动提供了可能。旅游服务水平与政府干预程度对旅游专业化理论上也存在影响，但在本章中体现不甚突出。一方面，新疆旅游专业化发展还停留在比较初级的层面，旅游从业人员的服务水平层次差异不够明显，目前从业人员的服务水平或许还不能成为影响新疆旅游专业化的显著因素；另一方面，目前新疆旅游的发展目前大都属于资源带动型，政府对旅游的干预作用表现不显著。

7.3 本 章 小 结

本章以新疆 15 个地州市 2000~2015 年旅游专业化相关统计数据为样本，首先使用熵值法和旅游专业化综合指数模型对新疆旅游专业化发展进行综合评价，利用极差、变异系数、重心模型及发展程度指数模型对旅游专业化的发展进行了时空上的刻画，并利用面板数据中多元线性回归模型对旅游资源禀赋、旅游接待能力、交通通达性、地区经济发展状况、旅游服务水平及政府干预程度对新疆旅游专业化的影响程度进行了分析与解释，最终得出以下结论：

第一，在时间上，16 年间新疆旅游专业化发展在波动中变化，并且其相对差异与绝对差异都有缓慢上升的趋势。表明新疆旅游专业化发展不平衡的状况依旧存在并呈现逐年缓慢扩大的趋势。

第二，在空间上，新疆旅游专业化发展大致呈现向东北方向偏移的态势，且往东偏移距离更大。表明新疆旅游专业化发展不光在南北方向上有差距，东西方向上发展更不均衡。除南疆外，其他地州市旅游专业化发展趋于平稳，地区差距逐年缩小，但南北疆差距却逐年凸显。

第三，通过面板回归分析旅游资源禀赋、旅游接待能力、交通通达性、地区经济发展状况、旅游服务水平及政府干预程度6方面的因素对新疆旅游专业化影响，得出旅游资源禀赋、旅游接待能力和地区经济发展水平对旅游专业化的影响较大，其中旅游资源禀赋、旅游接待能力、交通通达性对旅游专业化发展有促进作用。而旅游服务水平和政府干预程度对旅游专业化的发展影响则不甚显著。

第 8 章

新疆旅游专业化与经济增长关系的实证分析

新疆作为我国不可分割的一部分，疆域辽阔，资源丰富，但由于新疆地理位置偏远，经济发展滞后于国内大多省区市，通过旅游业带动新疆经济发展是十分必要的。因此，本章将从新疆地州市层面研究新疆的旅游专业化与经济增长的关系，以期促进新疆旅游带动经济发展。

8.1 新疆旅游专业化与经济增长规模的实证分析

本章将对新疆旅游专业化与经济增长规模进行实证分析，以期全面剖析新疆旅游与经济增长的关系。本章从旅游专业化的广度（TSS）、旅游专业化的深度（TSD）、旅游专业化的质量（TSE）、旅游专业化人力投入效率（TSL）、旅游专业化物力投入效率（TSK）以及旅游专业化的综合指数（TS）六个方面来探究旅游专业化与经济增长规模之间具体存在何种关系。

8.1.1 新疆旅游专业化与经济增长规模模型构建

8.1.1.1 计量模型构建

为了研究旅游专业化对经济增长规模的影响，本章分别建立旅游专业化广度、旅游专业化深度、旅游专业化质量、旅游专业化人力投入效率、旅游专业化物力投入效率、旅游专业化综合指数与经济增长规模的面板数据基本回归模型，为了考察旅游专业化对经济增长的非线性关系，本章在此加入旅游专业化的二次项。

$$\ln GDP_{it} = \beta_0 + \beta_1 \ln TSS_{it} + \beta_2 \ln TSS_{it}^2 + \beta_3 \ln K_{it} + \beta_4 \ln L_{it} + \mu_{it} \quad (8.1)$$

$$\ln GDP_{it} = \beta_0 + \beta_1 \ln TSD_{it} + \beta_2 \ln TSD_{it}^2 + \beta_3 \ln K_{it} + \beta_4 \ln L_{it} + \mu_{it} \quad (8.2)$$

$$\ln GDP_{it} = \beta_0 + \beta_1 \ln TSE_{it} + \beta_2 \ln TSE_{it}^2 + \beta_3 \ln K_{it} + \beta_4 \ln L_{it} + \mu_{it} \quad (8.3)$$

$$\ln GDP_{it} = \beta_0 + \beta_1 \ln TSL_{it} + \beta_2 \ln TSL_{it}^2 + \beta_3 \ln K_{it} + \beta_4 \ln L_{it} + \mu_{it} \quad (8.4)$$

$$\ln GDP_{it} = \beta_0 + \beta_1 \ln TSK_{it} + \beta_2 \ln TSK_{it}^2 + \beta_3 \ln K_{it} + \beta_4 \ln L_{it} + \mu_{it} \quad (8.5)$$

$$\ln GDP_{it} = \beta_0 + \beta_1 \ln TS_{it} + \beta_2 \ln TST_{it}^2 + \beta_3 \ln K_{it} + \beta_4 \ln L_{it} + \mu_{it} \quad (8.6)$$

8.1.1.2 模型指标说明

实际 GDP。被解释变量 lnGDP 为新疆经济增长规模的代表指标,可以反映经济发展的情况。由于经济受通货膨胀的影响,需将 GDP 当年价折算为实际价,以便与不同时段的经济发展状况进行真实比较。将新疆 15 地州市的各年名义 GDP 数据转换为以 2000 年为基年的实际 GDP,对 GDP 取对数,以减小数据的波动性。

新疆旅游专业化指标(TSS、TSD、TSE、TSL、TSK、TS)与第 7 章的指标一致,此处不再赘述。

固定资产投资 lnK。采用固定资本存量表示,在统计年鉴中新疆各地州市固定资产总额数据的基础上,同前面其他省份数据的做法,运用永续盘存法进行测算。

劳动力投入 lnL。采用新疆各地州市中等专业学校在校学生数(人)进行表示。随着多年来中国高等教育的发展及大中专院校的进一步扩招,大中专学生以逐渐成为社会发展的主要力量,因此本章选择中等专业学校在校学生数来代表劳动力的投入。

8.1.2 数据样本

根据数据的可得性,本章数据时间跨度是 2000~2015 年。数据来源主要是《新疆统计年鉴》和新疆各地州市的统计年鉴。为使数据可比较,并尽可能减少异方差性,所有变量均取其对数形式。

8.1.3　新疆旅游专业化对经济增长规模的参数估计

本章采用面板估计模型进行估计。面板估计方法主要分为最小混合二乘回归（Pool OLS）、固定效应模型（Fe）、随机效应模型（Re）等，具体使用哪种方法需要相关检验进行确定。首先运用 F 统计量检验判断使用混合效应还是固定效应；然后通过 BP 拉格朗日乘数检验判断是使用随机效应还是混合效应；最后用 Hausman 检验来对固定效应和随机效应进行筛选。本章主要通过 Stata 软件对各项参数进行估计。

表 8 - 1 中显示了各模型的各项估计参数、模型选择及检验结果。由表 8 - 1 可以看出各项模型的参数估计、检验结果较为理想，说明模型方程的设定符合预期。

表 8 - 1　　　　　　　　新疆旅游专业化与经济增长规模关系估计结果

解释变量	被解释变量：lnGDP					
	模型（1）	模型（2）	模型（3）	模型（4）	模型（5）	模型（6）
lnTSS	0.335^c (1.84)					
$lnTSS^2$	-0.045^b (-1.18)					
lnTSD		-0.047^b (-2.46)				
$lnTSD^2$		0.005^b (0.27)				
lnTSE			0.161^c (1.78)			
$lnTSE^2$			-0.027^c (-1.44)			

续表

解释变量	被解释变量：lnGDP					
	模型（1）	模型（2）	模型（3）	模型（4）	模型（5）	模型（6）
lnTSL				0.256[b] (0.44)		
$lnTSL^2$				−0.061[c] (−0.63)		
lnTSK					0.228[b] (2.11)	
$lnTSK^2$					−0.19[c] (−0.74)	
lnTS						0.419[b] (2.28)
$lnTS^2$						−0.158[b] (−2.10)
lnK	0.305[a] (17.24)	0.337[a] (15.88)	0.291[a] (14.53)	0.998[a] (13.37)	0.589[a] (7.08)	0.505[a] (8.29)
lnL	0.023 (1.55)	0.044[b] (1.89)	0.024 (1.46)	−0.006 (−0.12)	0.095 (1.44)	0.123 (1.50)
常数项	−2.509[a] (−8.59)	−2.155[a] (−8.76)	−1.518[a] (−6.25)	−5.484[a] (−5.59)	−4.079[a] (−6.26)	−3.894[a] (−6.67)
拐点对数值	3.722	4.7	2.981	2.098	0.6	1.325
R^2	0.877	0.847	0.851	0.852	0.737	0.725
参数联合检验（p）	96.47 (0.000)	280.64 (0.000)	82.29 (0.000)	97.04 (0.00)	27.48 (0.00)	44.25 (0.00)
模型设定	Fe	Re	Fe	Re	OLS	OLS
样本量	240	240	240	240	240	240

注：系数值后括号中的数值为参数的 t 检验值；a、b 和 c 分别表示参数通过了 1%、5%、10% 显著水平检验。

为了探讨新疆旅游专业化对 GDP 增长的影响,将 GDP 作为被解释变量,旅游专业化综合指数作为解释变量,物质资本与劳动力作为控制变量分析二者之间的关系。表 8 - 1 中显示了各模型的各项估计参数、模型选择及检验结果。由表 8 - 1 可以看出各项模型的参数估计、检验结果较为理想。

表 8 - 1 模型(1)中,新疆旅游专业化广度的一次项为正,二次项为负,且分别通过了 10%、5% 的置信水平检验,表明新疆旅游专业化广度与经济增长规模之间存在着倒 U 型曲线关系。曲线的拐点最值 lnTSS 为 3.722,对应的旅游专业化广度为 41.36%。固定资产投资变量的系数为正,且通过了 1% 置信水平的检验,反映出新疆的固定资本投入对经济有较明显的推动作用,表 8 - 1 模型(1)显示当固定资产投资总额每上升 1% 将促进经济增长总量上升 0.305%。同时,劳动力变量 lnL,在表 8 - 1 模型(1)系数为正,但未通过显著性检验,反映出劳动力投入对经济的推动作用不显著。旅游发展初期,旅游收入的增加会持续推动经济规模发展,但当旅游专业化广度达到一定阈值时,过分依赖旅游产业导致了对其他产业的忽视,反而阻碍经济发展。

表 8 - 1 模型(2)中,新疆旅游专业化深度的一次项为负,二次项为正,且均通过了 5% 的置信水平检验,表明新疆旅游专业化深度与经济增长规模之间存在着 U 型曲线关系。曲线的拐点值 lnTSD 为 4.7,对应的旅游专业化深度为 109.95%。固定资产投资变量的系数为正,且通过了 1% 置信水平的检验,反映出新疆的固定资本投入对经济有较明显的推动作用,表 8 - 1 模型(2)显示当固定资产投资总额每上升 1% 将促进经济增长总量上升 0.337%。劳动力变量 lnL,在表 8 - 1 模型(2)系数为正,但未通过检验,反映出劳动力投入对新疆经济的推动作用不显著。旅游专业化深度值越大,表明当地的旅游者人数越多。在旅游发展初期,当地居民可能并没有意识到旅游能够带来巨大的经济效益,甚至排斥旅游业,认为大量游客的到来严重影响到他们目前的生活状态,因此在这个阶段,旅游专业化深度会抑制经济增长;但随着旅游业的发展,旅游产业经济效益逐渐显著,这时旅游专业化深度便对经济增长规模具有促进作用。

表 8 - 1 模型(3)中,新疆旅游专业化质量的一次项为正,二次项为负,且均通过了 10% 的置信水平检验,表明新疆旅游专业化质量与经济增长

规模之间存在着倒 U 型曲线关系。固定资产投资变量的系数为正，且通过了 1% 置信水平的检验，反映出新疆的固定资本投入对经济有较明显的推动作用，表 8 - 1 模型（3）显示当固定资产投资总额每上升 1% 将促进经济增长总量上升 0.291% 。同时，劳动力变量 lnL，在表 8 - 1 模型（3）系数为正，但未通过显著性检验，反映出劳动力投入对经济的推动作用不显著。旅游专业化质量能够有效促进经济发展，但是过度重视旅游业，忽视其他产业发展反而会抑制经济增长规模。

表 8 - 1 模型（4）中，新疆旅游专业化人力投入效率的一次项为正，二次项为负，且分别通过了 5% 、10% 的置信水平检验，表明新疆旅游专业化人力投入效率与经济增长规模之间存在着倒 U 型曲线关系。固定资产投资变量的系数为正，且通过了 1% 置信水平的检验，反映出新疆的固定资本投入对经济有较明显的推动作用，表 8 - 1 模型（4）显示当固定资产投资总额每上升 1% 将促进经济增长总量上升 0.998% 。同时，劳动力变量 lnL，在表 8 - 1 模型（4）系数为正，但未通过显著性检验，反映出劳动力投入对经济的推动作用不显著。

表 8 - 1 模型（5）中，新疆旅游专业化物力投入效率的一次项为正，二次项为负，且分别通过了 5% 、10% 的置信水平检验，表明新疆旅游专业化物力投入效率与经济增长规模之间存在着倒 U 型曲线关系。固定资产投资变量的系数为正，且通过了 1% 置信水平的检验，反映出新疆的固定资本投入对经济有较明显的推动作用，表 8 - 1 模型（5）显示当固定资产投资总额每上升 1% 将促进经济增长总量上升 0.589% 。同时，劳动力变量 lnL，在表 8 - 1 模型（5）系数为正，但未通过显著性检验，反映出劳动力投入对经济的推动作用不显著。

新疆旅游专业化人力投入效率及物力投入效率对经济增长规模的影响均为由正转负，是由于政府过多地将人力投资与物力投资用于旅游业，造成对其他产业的挤出效应。此外，旅游发展前期所需的投资较大，后期投入相对较小且投资存在一定的滞后期，因此新疆旅游专业化人力投入效率及物力投入效率与经济增长规模之间存在非线性倒 U 型曲线关系。

表 8 - 1 模型（6）中，新疆旅游专业化综合指数的一次项为正，二次项为负，且均通过了 5% 的置信水平检验，表明新疆旅游专业化综合值与经济

增长规模之间存在着倒 U 型曲线关系。固定资产投资变量的系数为正，且通过了 1% 置信水平的检验，反映出新疆的固定资本投入对经济有较明显的推动作用，表 8 - 1 模型（6）显示当固定资产投资总额每上升 1% 将促进经济增长总量上升 0.505%。同时，劳动力变量 lnL，在表 8 - 1 模型（6）系数为正，但未通过显著性检验，反映出劳动力投入对经济的推动作用不显著。总体来看，旅游专业化与经济增长规模之间呈现非线性倒 U 型曲线关系。

8.2   新疆旅游专业化与经济增长速度的关系实证分析

8.1 节我们分析了新疆旅游专业化对经济增长规模的影响，显示旅游专业化深度与经济增长规模具有 U 型曲线关系，其余旅游专业化维度与经济增长规模呈现非线性的倒 U 型曲线关系。这种曲线关系反映了旅游发展对经济增长的作用表现为先促进，后抑制的现象。因为旅游给经济增长带来直接收入效应的同时，还会对其他经济要素产生资源转移效应，间接影响经济增长，因此，最终效应则为收入与效应与资源转移效应的综合结果。旅游专业化不仅影响着经济增长的规模，同时对经济增长的速度即经济增长率也存在一定的影响。接下来我们将以增长率代表新疆经济增长速度作为被解释变量，以新疆旅游专业化为解释变量，分析新疆旅游专业化对经济活力的影响。同样本节通过面板数据估计法，运用 Stata 软件进行分析。

8.2.1   新疆旅游专业化与经济增长速度模型构建

8.2.1.1   模型设定

因为宏观经济系统中多种要素影响着经济增长速度，因此，本章对于新疆旅游专业化与经济增长速度检验的过程，不是只单纯将二者作为模型的解释变量及被解释变量进行回归分析，而是添加多种宏观经济要素作为控制变量，对其进行更全面的考察。考虑到宏观经济系统的庞大复杂，经济增长因素众多，旅游发展过程中旅游与各经济活动时有摩擦，旅游业发展对各要素的挤入挤出效应等，在遵循科学性、可行性、全面性的前提下选择控制变量集。鉴于此，本章建立回归模型。

8.2.1.2 基本模型

本章借鉴柯布－道格拉斯生产函数、索洛增长模型，引入旅游专业化的二次项，构建如下基本的静态面板数据回归模型：

$$g = \alpha_0 + \alpha_1 \ln Y_{it-1} + \alpha_2 TSS_{it} + \alpha_3 TSS_{it}^2 + \alpha_4 FIG_{it} + \alpha_5 HR_{it} + \alpha_6 OP_{it} + \alpha_7 MD_{it}$$
$$+ \alpha_8 INF_{it} + \alpha_9 STR_{it} + \alpha_{10} GI_{it} + \delta_{it} \tag{8.7}$$

$$g = \alpha_0 + \alpha_1 \ln Y_{it-1} + \alpha_2 TSD_{it} + \alpha_3 TSD_{it}^2 + \alpha_4 FIG_{it} + \alpha_5 HR_{it} + \alpha_6 OP_{it} + \alpha_7 MD_{it}$$
$$+ \alpha_8 INF_{it} + \alpha_9 STR_{it} + \alpha_{10} GI_{it} + \delta_{it} \tag{8.8}$$

$$g = \alpha_0 + \alpha_1 \ln Y_{it-1} + \alpha_2 TSE_{it} + \alpha_3 TSE_{it}^2 + \alpha_4 FIG_{it} + \alpha_5 HR_{it} + \alpha_6 OP_{it} + \alpha_7 MD_{it}$$
$$+ \alpha_8 INF_{it} + \alpha_9 STR_{it} + \alpha_{10} GI_{it} + \delta_{it} \tag{8.9}$$

$$g = \alpha_0 + \alpha_1 \ln Y_{it-1} + \alpha_2 TSL_{it} + \alpha_3 TSL_{it}^2 + \alpha_4 FIG_{it} + \alpha_5 HR_{it} + \alpha_6 OP_{it} + \alpha_7 MD_{it}$$
$$+ \alpha_8 INF_{it} + \alpha_9 STR_{it} + \alpha_{10} GI_{it} + \delta_{it} \tag{8.10}$$

$$g = \alpha_0 + \alpha_1 \ln Y_{it-1} + \alpha_2 TSK_{it} + \alpha_3 TSK_{it}^2 + \alpha_4 FIG_{it} + \alpha_5 HR_{it} + \alpha_6 OP_{it} + \alpha_7 MD_{it}$$
$$+ \alpha_8 INF_{it} + \alpha_9 STR_{it} + \alpha_{10} GI_{it} + \delta_{it} \tag{8.11}$$

$$g = \alpha_0 + \alpha_1 \ln Y_{it-1} + \alpha_2 TS_{it} + \alpha_3 TS_{it}^2 + \alpha_4 FIG_{it} + \alpha_5 HR_{it} + \alpha_6 OP_{it} + \alpha_7 MD_{it}$$
$$+ \alpha_8 INF_{it} + \alpha_9 STR_{it} + \alpha_{10} GI_{it} + \delta_{it} \tag{8.12}$$

其中，被解释变量 g 为经济增长率，用人均 GDP 增长率变量表示，用以反映经济发展的速度；新疆旅游专业化指标（TSS、TSD、TSE、TSL、TSK、TS）与前面章节一致，此处不再赘述。TSS^2、TSD^2、TSE^2、TSL^2、TSK^2、TS^2 分别是对应旅游专业化的平方项；而其他控制变量本章主要包括滞后一期的人均 GDP 的自然对数（L. lnY）这个基本控制变量，以及物质资本投资（FIG）、人力资本投资（HR）、对外开放度（OP）、制造业发展（MD）、基础设施建设（INF）、产业结构（STR）、政府干预程度（GI）等七个其他控制变量；i 代表各省际截面单位；t 代表时间序列的年份；α_0、α_1、α_2、α_3 为待估参数；δ 为随机扰动项。滞后一期人均 GDP 的自然对数为 L. lnY。本章视其为基本控制变量来加入增长模型，目的是控制各截面单位的初始经济状态的差异性，以减小经济发展惯性对增长分析所产生的干扰。

8.2.1.3　模型指标说明

①物质资本投资（FIG）。以全社会固定资产投资占 GDP 的比重进行度量。②人力资本投入（HR）。本章采用大中等专业学校在校学生数（人）来衡量，用符号 HR 表示。③对外开放度（OP）。本章选择进出口总额与 GDP 的比值来表示，进出口总额使用当年人民币兑美元平均汇率换算成人民币。④制造业发展（MD）。以制造业从业人数占全部从业人数的比重来度量。⑤基础设施建设（INF）。使用公路里程数与地区面积的比值。⑥产业结构（STR）。本章采用第三产业产值占 GDP 比重来衡量产业结构，该比重值越大，就表明第三产业占比越高。⑦政府干预程度（GI）。本章用一般公共预算支出占 GDP 的比重表示政府干预程度。

8.2.2　数据样本

根据数据的可得性，本章数据时间跨度是 2000～2015 年。数据来源主要是《新疆统计年鉴》和新疆各地州市的统计年鉴。

8.2.3　新疆旅游专业化与经济增长速度的参数估计

本小节仍采用面板模型进行估计。首先运用 F 统计量检验判断使用混合效应还是固定效应；然后通过 BP 拉格朗日乘数检验判断是使用随机效应还是混合效应；最后用 Hausman 检验来对固定效应和随机效应进行筛选。本章主要通过 Stata 软件对各项参数进行估计。结果见表 8 – 2。

表 8 – 2　　　　　　　新疆旅游专业化与经济增长速度关系估计结果

解释变量	被解释变量：人均实际 GDP 增长率 g					
	模型（1）	模型（2）	模型（3）	模型（4）	模型（5）	模型（6）
$\ln y - 1$	-0.025^a (-3.46)	-0.016^b (-2.04)	-0.024^a (-3.95)	-0.024^a (-2.95)	-0.019^a (-2.58)	-0.02^a (-2.89)

解释变量	被解释变量：人均实际 GDP 增长率 g					
	模型（1）	模型（2）	模型（3）	模型（4）	模型（5）	模型（6）
TSS	0.576^b (2.85)					
TSS^2	-0.832^b (2.92)					
TSD		-0.021^a (-3.26)				
TSD^2		0.002^a (3.25)				
TSE			1.311^a (4.04)			
TSE^2			-3.44^b (-2.64)			
TSL				-0.006^c (-1.01)		
TSL^2				0.049^b (0.85)		
TSK					0.002^c (0.77)	
TSK^2					-0.038^b (-0.1)	
TS						0.026^c (0.78)
TS^2						-0.029^c (-1.73)
FIG	0.016^a (3.90)	0.014^b (2.29)	0.006^c (2.07)	0.015^a (3.00)	0.014^a (3.93)	0.016^a (4.21)

续表

解释变量	被解释变量：人均实际 GDP 增长率 g					
	模型（1）	模型（2）	模型（3）	模型（4）	模型（5）	模型（6）
HR	0.705 (1.42)	1.147[b] (2.73)	−0.179 (−0.26)	0.610 (1.18)	0.382 (0.69)	0.460 (0.83)
OP	0.012[b] (2.10)	0.009[c] (2.08)	0.003 (0.56)	0.10[c] (1.75)	0.008[b] (2.01)	0.009[b] (2.03)
MD	0.133[c] (1.76)	0.068 (1.03)	0.092 (1.12)	0.120[c] (1.77)	0.111[c] (1.65)	0.130[c] (1.76)
INF	−0.001 (−0.56)	−0.003 (−1.24)	−0.002 (−0.81)	−0.002 (−0.66)	−0.003[c] (−1.64)	−0.003[c] (−1.70)
STR	−0.044 (−1.31)	−0.062 (−1.30)	−0.116[c] (−2.08)	−0.084[c] (−1.92)	−0.761[c] (−1.66)	−0.075[c] (−1.55)
GI	0.036[c] (1.64)	0.029 (1.06)	0.038[c] (1.84)	0.038[c] (1.56)	0.038[b] (2.12)	0.127 (0.60)
常数项	0.386[a] (4.71)	0.307[b] (3.70)	0.307[a] (5.29)	0.377[a] (4.08)	0.313[a] (3.68)	0.043[b] (1.88)
拐点值	0.346	5.25	0.191	0.061	0.026	0.448
withinR^2	0.127	0.166	0.199	0.119	0.128	0.125
参数联合检验（P）	325.67 (0.00)	52.66 (0.00)	59.41 (0.00)	270.52 (0.00)	397.58 (0.00)	285.12 (0.00)
模型设定	Re	OLS	OLS	Re	Re	Re
样本量	240	240	240	240	240	240

表 8-2 模型（1）中，旅游专业化广度的一次项为正，二次项为负，且均通过了 1% 的显著性水平检验，表明新疆旅游专业化广度与经济增长速度之间存在着倒 U 型曲线关系。曲线的拐点值为 0.346。控制变量中显著的有物质资本投入、对外开放度、制造业发展以及政府干预程度，系数均为正，说明这几个控制变量均对新疆的经济发展速度具有推动作用。旅游专业化广

度在旅游发展初期能够有效带动经济发展，对经济发展速度具有推动作用，但是旅游专业化广度值越高，表明旅游占比越大，过分地依赖旅游业会产生资源诅咒效应，旅游发展较好的地区其他产业的发展可能会滞后，导致经济发展速度减缓。

表 8 – 2 模型（2）中，旅游专业化深度的一次项为正，二次项为负，且均通过了 5% 的显著性水平检验，表明新疆旅游专业化深度与经济增长速度之间存在着 U 型曲线关系。曲线的拐点值为 5. 25。控制变量中显著的有物质资本投入、人力资本投入、对外开放度，且系数均为正，说明物质资本投入、人力资本投入、对外开放度对新疆经济发展速度具有推动作用。旅游专业化深度与经济增长速度呈 U 型关系是因为，旅游发展初期，旅游目的地居民并不能接受大量旅游者的到来，对旅游活动的排斥导致旅游专业化深度与经济增长速度之间存在负相关性，但当地居民从旅游活动中获取显著的经济效益后，对旅游活动持积极乐观的态度，这时，新疆旅游专业化深度与经济增长速度呈正向关系。

表 8 – 2 模型（3）中，旅游专业化质量的一次项为正，二次项为负，且均通过了 5% 的显著性水平检验，表明新疆旅游专业化质量与经济增长速度之间存在着倒 U 型曲线关系。控制变量中显著的有物质资本投入、产业结构、政府干预程度。产业结构的系数为负，物质资本投入和政府干预程度的系数为正，说明产业结构对新疆经济发展速度具有抑制作用，而物质资本投入和政府干预程度对新疆经济发展速度具有推动作用。人均旅游消费越高，越能带动经济增长，当人均旅游消费达到一定阈值时，过分依赖旅游业反而会造成资源诅咒、去工业化等现象，从而抑制经济增长速度。

表 8 – 2 模型（4）中，旅游专业化人力投入效率的一次项为负，二次项为正，且分别通过了 10%、5% 的显著性水平检验，表明新疆旅游专业化人力投入效率与经济增长速度之间存在着 U 型曲线关系。控制变量中显著的有物质资本投入、对外开放度、制造业发展、产业结构、政府干预程度。仍是产业结构的系数为负，其余变量系数为正，进一步说明产业结构对新疆经济发展速度具有抑制作用，这可能是因为第三产业占比过高，并不能促使经济持续快速增长。虽然人力投入在逐渐增多，但在旅游发展初期大量人力投入未必用于发展旅游业，后期随着旅游业的发展，提供了大量的就业机会，旅

游业发展稳步上升，因此旅游专业化人力投入效率与经济发展速度之间呈非线性的 U 型曲线关系。

表 8 - 2 模型（5）中，旅游专业化物力投入效率的一次项为正，二次项为负，且分别通过了 10%、5% 的显著性水平检验，表明新疆旅游专业化物力投入效率与经济增长速度之间存在着倒 U 型曲线关系。控制变量中显著的有物质资本投入、对外开放度、制造业发展、基础设施建设、产业结构、政府干预程度。基础设施建设和产业结构的系数为负，其余为正，基础设施建设也会抑制经济增长速度。物力投入最初会大大提升经济增长速度，但是旅游投资越高，用于其他产业的投资便越少，反而抑制了经济增长速度。

表 8 - 2 模型（6）中，旅游专业化综合值的一次项为正，二次项为负，且均通过了 10% 的显著性水平检验，表明新疆旅游专业化综合值与经济增长速度之间存在着倒 U 型曲线关系。控制变量中显著的有物质资本投入、对外开放度、制造业发展、基础设施建设、产业结构。同样是基础设施建设和产业结构的系数为负，其余为正。

8.3 本章小结

本章在统计描述基础上使用面板数据模型的计量方法，对新疆地州市层面的旅游专业化与经济增长的规模、经济增长速度进行了实证分析。主要结论如下：

第一，新疆旅游专业化广度、旅游专业化质量、旅游专业化人力投入效率、旅游专业化物力投入效率及旅游专业化综合值与经济增长规模存在倒 U 型曲线关系，旅游专业化深度与经济增长规模存在 U 型曲线关系。

第二，新疆旅游专业化广度、旅游专业化质量、旅游专业化物力投入效率及旅游专业化综合值与经济增长速度之间存在倒 U 型曲线关系。新疆旅游专业化深度及旅游专业化人力投入效率与经济增长速度之间存在 U 型曲线关系。

第三，各经济要素作为控制变量加入模型对经济增长的影响不同，说明旅游专业化与经济增长的关系受到各要素的共同影响。

　　旅游发展对新疆经济增长具有明显的促进作用，但是新疆地理位置偏远，疆域辽阔，设施建设仍是阻碍新疆旅游发展的重要因素，为了进一步促进新疆旅游业的发展，关注设施投资是极其必要的。

第 9 章

新疆旅游经济与设施投资
关系的时空演变分析

作为我国国民经济的重要组成部分，旅游产业近几年来迅猛发展。在现实生活中，旅游投资推动了相关产业的发展，促进了经济的繁荣。国家和政府对旅游产业的重视程度与关心力度也逐渐加大，社会投资的焦点也逐渐聚集在旅游领域上，旅游投资在社会经济发展中发挥着至关重要的作用，区域基础设施的投资与旅游经济发展也有着密不可分的关系。2016 年我国在建设旅游基础设施和公共服务设施方面注入大量资金，增加旅游产品多样性并优化旅游服务，取得了显著成效。为了提高旅游产业效率、加快旅游经济发展步伐，有必要对旅游经济与区域基础设施投资、旅游投资关系的时空演变进行研究。本部分以此为切入点，以新疆为例对新疆旅游经济发展与区域基础设施投资、旅游投资关系进行研究。分析基础设施投资与旅游投资二者哪一个更能有效带动旅游经济发展。

9.1　数　据　来　源

本章选取新疆国内旅游收入与国际旅游收入之和来衡量旅游经济水平；用新疆地区能源业、交通仓储邮政业、公共服务业三者投资之和表示基础设施投资；旅游投资为旅游行业固定资产投资存量。数据来源于《新疆旅游统计年鉴》与《新疆统计年鉴》，研究样本为新疆 15 个地州市，研究时间段为 2000 ~ 2015 年。为消除价格影响，本章以 2000 年的价格为基期对以上数据进行了不变价处理。

9.2 研究方法

9.2.1 重心模型

重心的观念来源于牛顿力学，指在地域空间上的某一点，在该点前后左右各个方向上的力量对比相对均衡。重心是在动态地权衡了各个地区作用力大小以后表现为向作用力大的方向移动，移动的方向即为变量空间格局变化的方向。[207]决定重心的因素有 2 个：各地的地理位置和属性的变化。[208]

重心模型是用来反映客体和现象的空间集聚规模和集聚形态。[209]假定一个区域有 n 个子区域组成。第 i 个子区域的中心城市的地理坐标为（X_i，Y_i），Q_i 为第 i 个子区域的某种属性的量值，则该区域某种属性重心的地理坐标为（X_i，Y_i），详细计算公式如下：

$$X = \frac{\sum_{i=1}^{n} Q_i X_i}{\sum_{i=1}^{n} Q_i} ; Y = \frac{\sum_{i=1}^{n} Q_i Y_i}{\sum_{i=1}^{n} Q_i} \tag{9.1}$$

9.2.2 地理集中度指数

地理集中度指数可以用来反映某种要素在不同区域内的空间集聚程度。本章采用区位熵指数法[210]构建旅游经济、基础设施投资、旅游投资地理集中度指数，公式如下：

$$CTE_i = (TE_i / \sum TE_i) / (Are_i / \sum Are_i) \tag{9.2}$$

$$CII_i = (II_i / \sum II_i) / (Are_i / \sum Are_i) \tag{9.3}$$

$$CTI_i = (TI_i / \sum TI_i) / (Are_i / \sum Are_i) \tag{9.4}$$

式中，CTE_i、CII_i、CTI_i 分别为旅游经济、基础设施投资、旅游投资地理集中指数；TE_i、II_i、TI_i、Are_i 则为 i 次区域的旅游总收入、基础设施投资额、旅游投资额和国土面积；$\sum$ 为所有 i 次区域某属性的总和。

9.2.3　VAR 模型

向量自回归模型（VAR）是在数据的统计性质基础上建立模型，VAR 模型通过将系统中每个内生变量作为系统中所有内生变量的滞后值的函数来构建模型，从而将单变量自回归模型类推到由多元时间序列变量构成的"向量"自回归模型。[211]VAR 模型的表达式一般为：

$$y_t = A_1 y_{t-1} + \cdots + A_p y_{t-p} + B_1 x_{t-1} + \cdots + B_r x_{t-r} + \varepsilon_t \qquad (9.5)$$

式中：y_t 为 m 维内生变量向量，x_t 是 d 维外生变量向量，A_1，A_2，$\cdots$，A_p 和 B_1，B_2，$\cdots$，B_r 是待估计的参数矩阵，内生变量和外生变量分别有 p 和 r 阶滞后期。ε_t 是随机扰动项，其同时刻的元素可以彼此相关，但不能与自身滞后值和模型右边的变量相关。为使数据平稳，消除各个变量之间的异方差现象且不改变这几个变量之间的关系，本章中对各个变量分别取其自然对数。分别记作 lnXTI、lnXII、lnXTE。

9.2.4　格兰杰因果检验

格兰杰（Granger）处理了 x 能否引起 y 的问题，主要看过去的 x 能够在多大程度上解释现在的 y，加入 x 的滞后值能否使解释程度提高。如在 y 的预测中，x 能起到帮助作用，或者 x 与 y 的相关系数在统计上显著时，就说"y 是由 x Granger 引起的"。[212]

9.3　结果与分析

9.3.1　重心变动轨迹的总体时间变化分析

本章借鉴重心模型，分析新疆旅游经济发展与区域基础设施投资、旅游投资关系的时空演变。式（9.1）中 Q_1、Q_2、Q_3 分别表示新疆 15 个地州的旅游总收入、基础设施投资、旅游投资，X_i 和 Y_i 分别表示各地州中心城市经度值和纬度值。根据重心模型公式和 2000～2015 年期间的新疆各地州的旅游经济、基础设施投资、旅游投资数据，得出各年的旅游总收入、基础设施投资及旅游投资重心值，作出 2000～2015 年新疆旅游经济、基础设施投资与旅游投资的重心总体变化轨迹，如图 9－1、图 9－2、图 9－3 所示。

图 9－1 表明，2000～2015 年新疆旅游经济重心在 41.83°N～44.68°N、81.78°E～86.57°E 变动，从新疆旅游经济重心动态迁移看，2000～2004 年重心由西南东北方向迁移，2005～2007 新疆旅游经济重心在西部小幅度迁移，且呈集聚态势，2008～2015 年新疆旅游经济重心先大幅向东北方向迁移，继而转向略向中部方向迁移。总体看，2000～2015 年新疆旅游经济重心演化表现为由西南向东北方向迁移继而折回中部的态势。这种迁移趋势表明了新疆南北方向的旅游经济发展存在一定差异，这与新疆本身的发展情况是一致的。图 9－2 表明，2000～2015 年新疆基础设施投资重心在 41.00°N～45.39°N、80.87°E～88.39°E 变动，2000～2005 年新疆基础设施投资重心由西南向东部迁移，2006～2009 年逐渐向北迁移，2010～2015 年又由北向西南方向迁移，逐步与 2000 年的重心靠拢。总体看，2000～2015 年新疆基础设施投资重心迁移轨迹呈环形，最终重合，这种变化趋势说明全疆基础设施建设正逐步完善，差距正在逐步缩小。图 9－3 表明，2000～2015 年新疆旅游投资重心在 40.83°N～45.08°N、78.88°E～88.52°E 变动，2000～2006 年新疆旅游投资重心呈向东北迁移趋势，2007～2009 年继续向北迁移，2010～2015 年新疆旅游投资重心逐步向西南方向迁移。总体看，新疆旅游投资重心呈由西南向东北方向迁移随后又回到西南的态势。说明新疆旅游投资不仅在南北，也在东西方向上存在差距。综上分析，2000～2015 年新疆旅游经济重心总体上向东北迁移，而基础设施投资重心总体上没有明显变化趋势，旅游投资重心总体略向西迁移。从三者重心相对位置变化看，基础设施投资重心一直位于旅游经济重心的西南方向，旅游投资重心一直位于旅游经济的西部方向。

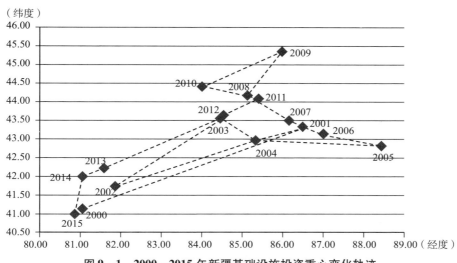

图 9 - 1　2000～2015 年新疆基础设施投资重心变化轨迹

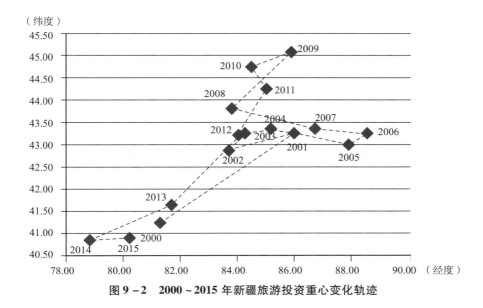

图 9 - 2　2000～2015 年新疆旅游投资重心变化轨迹

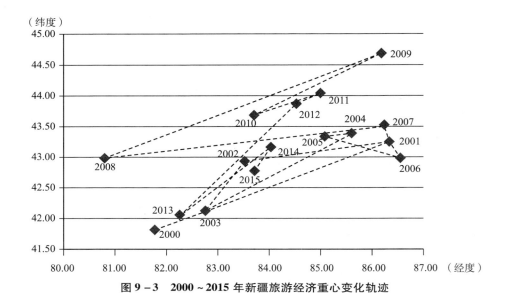

图 9 - 3   2000～2015 年新疆旅游经济重心变化轨迹

9.3.2   重心经、纬度变动轨迹的比较分析

分析新疆旅游经济、旅游投资与基础设施投资的经、纬度值分别在同一坐标系下三者的变化轨迹，如图 9 - 4、图 9 - 5 所示。

图 9 - 4 表明，2000～2006 年，新疆旅游投资的经度值与旅游经济的经度值变化轨迹较为一致，而基础设施投资的经度值略微偏离旅游经济的经度值，2008 由于金融危机的影响，旅游经济下降严重但又很快恢复。在 2006～2015 年期间，基础设施投资的经度值逐渐向旅游经济靠拢，最终于旅游经济重合，而旅游投资经度值却逐渐偏离旅游经济，2009 年受 "7·5 事件" 影响，旅游投资明显下降，旅游投资在东西方向上存在一定差距。总体看基础设施投资与旅游投资的经度值明显低于相应年份旅游经济的经度值。图 9 - 5 表明基础设施投资的纬度值与旅游经济纬度值变化轨迹较为一致，但基础设施投资纬度变化曲线始终位于旅游经济下方，旅游投资的纬度变化曲线在 2007 年后逐渐下降，在 2010 年后位于旅游经济纬度变化曲线的下方，说明旅游投资南北差异明显。总体而言，相对于旅游投资重心的变化，旅游经济与基础设施投资重心变化较平稳一些，南北差异相对较小。

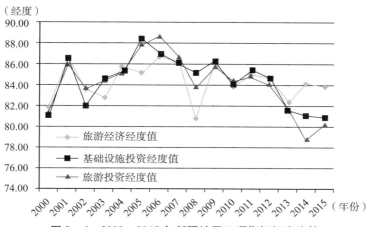

图 9 - 4　2000 ~ 2015 年新疆地区三项指标经度比较

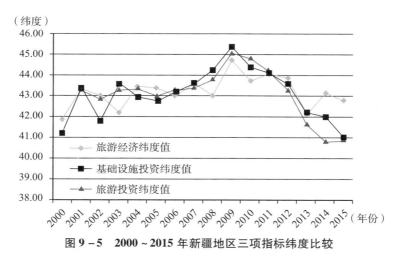

图 9 - 5　2000 ~ 2015 年新疆地区三项指标纬度比较

9.3.3　空间集中度变化

依据式（9.2）、式（9.3）、式（9.4）得到 2000 ~ 2015 年新疆旅游经济、基础设施投资与旅游投资集中度指数，并对三者集中度指数进行了 Z 分数标准化处理，采用组间连接聚类法和欧式距离平方相似测度方法进行聚类分析，根据苏建军的研究将旅游经济、基础设施投资与旅游投资集中度聚类为 3 种类型（见表 9-1）。

表 9-1　　　　2000~2015 年新疆 15 个地州市旅游经济、
基础设施投资与旅游投资集中度聚类

类型	旅游经济集中度	基础设施投资集中度	旅游投资集中度
Ⅰ（高）	乌鲁木齐	乌鲁木齐、吐鲁番	乌鲁木齐、克拉玛依、阿勒泰、阿克苏
Ⅱ（中）	克拉玛依、石河子、吐鲁番、昌吉、伊犁、塔城、阿勒泰、巴州	克拉玛依、巴州、阿克苏、喀什	石河子、吐鲁番、巴州
Ⅲ（低）	哈密、博州、阿克苏、克州、喀什、和田	石河子、哈密、昌吉、伊犁、塔城、阿勒泰、博州、克州、和田	哈密、昌吉、伊犁、塔城、博州、克州、喀什、和田

　　从旅游经济集中度空间分布看，Ⅰ类区域为高值区域，只有乌鲁木齐。Ⅱ类区域为中值区域，包括克拉玛依、石河子、吐鲁番、昌吉、伊犁、塔城、阿勒泰、巴州 8 个地州市。其中，均值最大的与最小的分别为石河子、巴州，且最大值与最小值的差距较大，这可能是由于石河子的面积较小导致的。旅游经济集中度增长最快的是阿勒泰，较 2000 年增长率为 199.84%，其次依次为昌吉、克拉玛依、伊犁、塔城、吐鲁番、巴州、石河子，增长率分别为 131.34%、115.98%、84.02%、78.03%、43.24%、42.89%、33.67%。Ⅲ类区域为低值区域，主要是哈密、博州、阿克苏、克州、喀什、和田 6 个地州市。旅游经济集中度除博州在波动起伏中呈增长态势外，其余地州市均呈现先升后降的态势，下降最为明显的是喀什地区，较 2000 年增长率为 -68.22%。从基础设施投资集中度空间分布看，Ⅰ类区域为高值区域包括乌鲁木齐、吐鲁番两个市，二者的基础设施集中度较 2000 年均为负增长，乌鲁木齐降幅较大，为 52.75%。Ⅱ类区域为中值区域，主要有克拉玛依、巴州、阿克苏、喀什 4 个地州市。基础设施投资集中度除了喀什缓慢增长外，其余三地州均表现为波动起伏最终下降的趋势。Ⅲ类区域为低值区域，主要有石河子、哈密、昌吉、伊犁、塔城、阿勒泰、博州、克州、和田 9 个地州市，

均值最高的为石河子，最低的为伊犁。从增长率变化看，总体均表现为正增长的态势，增长最快的是哈密，其增长率较 2000 年为 380.93%，增长最慢的是塔城，其增长率较 2000 年为 17.72%。从旅游投资集中度空间分布看，Ⅰ类区域为高值地区，主要有乌鲁木齐、克拉玛依、阿勒泰、阿克苏 4 个地州市，其中旅游投资集中度均值最大的为乌鲁木齐，最小的为阿克苏。从增长率看，乌鲁木齐与克拉玛依的旅游投资集中度增长率呈先增长后下降的趋势，最终表现为负增长，阿勒泰与阿克苏则始终平稳上升，表现为正增长。Ⅱ类区域为中值地区，包括石河子、吐鲁番、巴州 3 个地州市，这三个地州的旅游投资集中度增长率均为负增长，降幅最大的是石河子。Ⅲ类区域为低值地区，主要是哈密、昌吉、伊犁、塔城、博州、克州、喀什、和田 8 个地州市。其中，均值最大为昌吉，最小的为克州，二者相差 1.65。从增长率看，增幅最大的为和田，较 2000 年增长率为 410.98%，其次依次为哈密 389.61%、克州 348.29%、昌吉 303.93%、喀什 238.84%、伊犁 56.91%、博州 18.37%，只有塔城为负增长，其增长率较 2000 年为 13.92%。

9.3.4　新疆旅游经济发展与基础设施投资、旅游投资动态关系

本部分运用 VAR 模型进行论证，建立反映新疆旅游经济分别与基础设施投资、旅游投资之间关系的 VAR 模型，首先对面板数据进行单位根检验，以考察变量的平稳性，对原始数据全部进行对数处理后，分组进行 LLC 检验、Hadri 检验和 Fisher 检验，三组数据均能通过单位根检验，得到 lnXTE 与 lnXII、lnXTI 之间关系 VAR 模型的函数表达式，如模型（9.6）与模型（9.7）所示。

$$\ln XTE = 0.6754 \times \ln XTE(-1) + 0.2333 \times \ln XTE(-2) + 0.3240$$
$$(9.8460) \qquad (3.2732) \qquad (2.3054)$$
$$\times \ln XII(-1) - 0.2288 \times \ln XII(-2) - 0.1280 \qquad (9.6)$$
$$(-1.8520) \qquad (-0.9669)$$

$$\overline{R}^2 = 0.903713$$

$$\ln XTE = 0.6907 \times \ln XTE(-1) + 0.2402 \times \ln XTE(-2) - 0.0301 \times \ln XTI(-1)$$
$$(10.0428) \qquad (3.3157) \qquad (-0.4823)$$
$$+ 0.0821 \times \ln XTI\ (-2) + 0.2901 \qquad\qquad (9.7)$$
$$(1.4045) \qquad (4.8582)$$

$$\overline{R}^2 = 0.902032$$

模型（9.6）与模型（9.7）中，其调整的可决系数 R^2 值都比较大，说明模型拟合程度较好。

模型（9.6）表明，基础设施投资对旅游经济在滞后一期存在正向影响，滞后二期存在负向影响，这说明基础设施投资对旅游经济发展在滞后一期时具有明显的推动作用，但这种推动作用力度随着时间推移逐渐放缓，基础设施投资并不能持续推动旅游经济的增长。模型（9.7）表明，旅游投资滞后一期对旅游经济有负的影响，但在滞后二期时则转为正向影响，这说明旅游投资对旅游经济发展也有显著推动作用，但这种推动作用存在一定滞后期，这与旅游投资本身投资回收期的特性有关。

9.3.5　Granger 因果关系检验

为了验证基础设施投资、旅游投资分别与旅游经济的因果关系，因此进行格兰杰因果检验。

本章通过 Granger 因果关系检验证明新疆旅游经济与基础设施投资、旅游投资之间存在的因果关系。结果见表9－2。

表9－2　　　　　　　　Granger 因果检验结果

变量	原假设	滞后期	F 值	P 值	结论
lnXTE	lnXTE 不能 Granger 引起 lnXII	2	1.11	0.3308	接受
lnXII	lnXII 不能 Granger 引起 lnXTE	2	3.62	0.0286	拒绝
lnXTE	lnXTE 不能 Granger 引起 lnXTI	2	5.79	0.0036	拒绝
lnXTI	lnXTI 不能 Granger 引起 lnXTE	2	3.70	0.0263	拒绝

当 $p \geqslant 0.5$ 时，接受原假设；$p < 0.5$ 时，拒绝原假设。

Granger 因果检验结果显示，可以得到以下两点认识：

第一，在 5% 的置信水平上，在滞后期为 2 时，接受 "lnXTE 不能 Granger 引起 lnXII" 假设，拒绝 "lnXII 不能 Granger 引起 lnXTE" 假设，这说明旅游经济与基础设施投资之间存在单向因果关系，旅游经济不能引起基础设施投资的 Granger 变化，而基础设施投资能够引起旅游经济的 Granger 变化。

第二，在滞后期为 2 时，在 5% 的置信水平上，拒绝 "lnXTE 不能 Granger 引起 lnXTI" "lnXTI 不能 Granger 引起 lnXTE" 的假设，这说明旅游经济与旅游投资之间存在着双向因果关系，旅游经济能够带动旅游投资的增长，旅游投资也能反向促进旅游经济增长。

9.4 本章小结

本章根据 2000～2015 年的相关数据，以新疆 15 个地州市为研究对象，运用重心模型、VAR 模型、格兰杰因果检验等方法，分析了旅游经济与区域基础设施投资、旅游投资的时空演变关系，得到如下结论：

第一，旅游经济重心演化表现为小幅度向北迁移的趋势，说明新疆旅游经济在南北上存在一定差异；基础设施投资重心先向西南继而向东北方向迁移，最终与 2000 年重心重合，这种变化趋势说明全疆基础设施建设正在逐步完善，差距正在逐步缩小；旅游投资重心先向北随后向西南方向迁移，说明新疆旅游投资不仅在南北而且在东西方向上存在非均衡性。从重心经纬度变化来看，旅游投资变化轨迹与旅游经济变化轨迹较为一致。

第二，旅游经济对基础设施投资呈正响应，这表明基础设施投资对旅游投资有着一定的推动作用，但随着时间推移这种推动作用逐渐趋于平缓，这可能是由于长期内基础设施投资并不足以产生持续的旅游吸引力以增加旅游收入。旅游经济对旅游投资在一定滞后期后呈正响应，这说明旅游投资对旅游经济发展也有显著推动作用，但这种推动作用存在一定滞后期，随着时间推移，这种推动作用逐渐增强。

第三，格兰杰因果检验显示，旅游经济与基础设施投资之间存在单向因果关系，基础设施投资能够引起旅游经济的变化，但旅游经济不能引起基础设施投资的变化；旅游经济与旅游投资之间存在双向因果关系，这种关系说明加大旅游投资在一定程度上能够促进旅游经济增长，反之旅游经济增长也在一定程度上带动了旅游投资。

第 10 章

研究结论、启示与建议及研究方向

10.1 主要研究结论

旅游专业化与经济增长的关系研究已逐渐成为旅游学界新的研究焦点问题。学界渐渐意识到旅游与经济关系的复杂性，首先不能仅仅考察旅游收入与经济增长的关系，同时还应该考虑旅游收入在经济中的占比即旅游专业化程度及区位的影响；其次，不能只研究旅游对经济增长的直接影响，还应该考虑到旅游发展中对其他产业及要素带来的促进作用或挤出效应，如旅游专业化可能导致的对制造业的挤出造成荷兰病的问题，以及对教育投资的影响等。而目前中国对这两方面的研究还比较缺乏，因此需要更多的理论及实证研究分析旅游专业化对经济增长的影响方向、影响机制及影响的区域差异。基于此，本书采用理论分析、统计分析、比较研究、数理建模、面板数据模型等多种方法，从理论及实证两个方面对中国旅游专业化与经济增长关系进行了系统的分析。

本书的主要结论如下：

（1）揭示旅游专业化与经济增长关系的机理，提出二者具有倒 U 型曲线关系假说。

旅游专业化对经济增长的净效应为收入效应与资源转移效应的均衡结果。首先，以一般消费理论为基础，结合旅游的消费属性及特点，分析了旅游消费对经济增长的影响，认为旅游业发展通过旅游业的消费及对要素的正向促进作用产生收入效应。其次，根据资源诅咒理论，经济对旅游业的过度依赖会产生对要素的资源转移效应，影响制造业等产业的发展，从而使经济出现荷兰病等诅咒现象。最后，根据均衡理论，旅游的收入效应与旅游专业化提高导致的资源转移效应的均衡结果为旅游专业化对经济增长的净效应。当收入效应大于资源转移效应时，净效应表现为祝福效应；当收入效应小于资源转移效应时，净效应表现为诅咒效应。祝福效应和诅咒效应的转换点即旅游专业化的阈值，因此，提出旅游专业化与经济增长之间具有倒 U 型曲线关系的假说。

（2）对旅游专业化与经济增长关系分别从规模和速度两个方面分析，得出如下结论：

旅游专业化与经济增长规模的总体关系表现为倒 U 型曲线关系，证实假说。本章以旅游总收入占 GDP 比重来表示旅游专业化程度，针对中国省际层面 1999～2015 年的样本，建立面板数据模型，分析得出旅游专业化与经济增长规模的倒 U 型曲线关系。即旅游专业化程度在小于拐点 43.8% 时，收入效应大于资源转移效应，净效应为旅游祝福；当旅游专业化程度超过拐点 43.8% 值，资源转移效应大于收入效应，净效应为旅游诅咒。这反映了旅游专业化对经济增长的作用为非线性形式，即并非旅游专业化越高就越有利于经济增长，而是有个合理化阈值。旅游专业化对经济增长规模影响的阈值为 43.8%。

旅游专业化与经济增长速度的总体关系表现为倒 U 型曲线关系。在经典的内生经济增长模型基础上，运用面板数据模型进行估计，本章对中国省际层面样本，以旅游专业化为自变量、以固定资本投资、人力资本投资、科技创新投入、对外开放度、制造业发展、基础设施建设、产业结构、政府干预等为控制变量，研究二者的关系，基于前文关于二者倒 U 型曲线关系的假设，本章加入二次项对其进行验证。最后得出中国省际层面旅游专业化与经济增长进行面板回归的一次项系数显著为正，二次项系数显著为负，证实二者存在倒 U 型曲线关系。反映在初期时，旅游专业化最初的收入效应占主导地位，因此受到政府、企业青睐；但随着旅游专业化程度的提高，旅游业集聚规模的不断扩大，使得要素过度向旅游及相关行业集中，出现对其他产业的资源转移效应，如对制造业的基础、对人力资本投资的挤出效应等，从而削弱了经济增长的关键动力，不利于经济增长。

通过逐步加入控制变量观察控制变量的方式观察各要素对拐点的冲击，考察旅游专业化对经济影响的变化情况。依据拐点变化情况看，拐点由 0.367 变化到 0.383。其中除科技创新投入使拐点值有所下降外，其余要素均促使拐点值上升。根据计算结果我们可以做出如下判断：当旅游专业化程度小于拐点值 0.383 时，旅游业发展的收入效应大于其资源转移效应，表现为祝福阶段；当旅游专业化程度大于拐点值 0.383 时，旅游业发展带来的资源转移效应大于其收入效应，表现为诅咒阶段。

（3）旅游专业化对经济增长速度的阈值小于对经济增长规模的阈值。

通过全面分析发现，中国旅游专业化对经济增长速度影响的拐点值为 0.383，小于经济规模的拐点值为 0.438。目前中国的旅游专业化程度小于阈值，即中国的旅游收入效应与资源转移效应的均衡结果表现为祝福效应，可在合理阈值内加大旅游发展力度。

（4）旅游专业化与经济增长关系的东西部差异较大。

东部和西部旅游专业化对经济增长规模的拐点值分别为 0.456 和 0.419，对经济增长速度的拐点值分别为 0.432 和 0.376，东部比西部高出 4~6 个百分点，说明东部的旅游专业化最佳阈值大于西部，东部旅游业较西部有更大的发展空间。以上原因可能为以下两个方面：第一，东部与西部的地理位置不同，东部为旅游主要客源地，有"近水楼台先得月"之优势，虽然对外开放对东部和西部的入境旅游收入占比提高都有促进作用，但是从旅游总体收入来看东部的对外开放有助于提高旅游专业化的最佳阈值，西部情况相反。第二，东部的基础设施、与旅游相关的经济、社会环境比西部有相对优势，有助于旅游业的成长及其经济效应的发挥。

（5）旅游专业化对经济增长影响的传导效应区域差异大。

通过构建面板数据对旅游专业化与全国省际层面的传导效应分析发现其系数显著性差，但东部、西部的传导回归结果较理想，传导效应较明晰。但在不同的区域，旅游专业化对地区各宏观经济因素具有不同的效应。

东部对传导要素具有正向作用的为人力资本投资、基础设施、产业结构、政府干预、居民消费价格指数；具有负向作用的为制造业发展、科技创新投入、对外开放度。西部对传导要素具有正向作用的为科技创新投入、基础设施、产业结构、政府干预；具有负向作用的为人力资本投资、物质资本投资、对外开放度。再结合各传导要素对经济增长的不同作用，进而归纳明晰旅游专业化—传导要素—经济的传导路径。

东部的物质资本投资、人力资本、对外开放度、制造业发展对经济增长为正向促进作用，基础设施建设、产业结构升级、物价水平上升具有降低经济增长速度的表现。因此，东部旅游专业化对经济增长具有直接经济效应，同时还通过以下传导路径影响经济增长。

东部旅游专业化提高加大了对经济增长有利的因素：物质资本投资、人力资本；挤出了对经济增长有利的因素：对外开放度、制造业发展；助推了对经济增长不利因素：政府干预、物价水平。西部旅游专业化对经济增长也具有直接经济效应，同时还通过以下传导路径影响经济增长：西部旅游专业化提高加大了对经济增长有利的因素：科技创新、基础设施、政府干预；挤出了对经济增长不利的因素：物质资本投资、人力资本投资、对外开放度。传导效应的实证结果表明，我们对于旅游专业化的发展政策不能"一刀切"，而是应该针对东西部地区进行因地制宜的差异化政策，这不仅体现在对专业化适度规模的差异化控制，同样重要的是如何减小地区旅游专业化提高对经济增长要素的挤出效应。

旅游专业化对人力资本在东部表现为促进作用，在西部表现为挤出效应。东部旅游发展可通过文化交流、对照效应、示范效应等形式激励旅游目的地居民提升自身的知识、技能等。而西部则与东部有较大差异，其对人力资本投资存在潜在的挤出效应，这反映了西部与东部的旅游发展模式的差异。相对东部而言西部地区的旅游发展层次较低，产业的融合功能不足，旅游产业发展时旅游者的参与性较弱，因此旅游者对当地居民带来的人力资本促进效应较弱。从另一个侧面看，由于西部地区的旅游产业发展层次低，对劳动力的素质要求不高，而当地部分农民能就地"转业"为商贩、向导等，西部这种外部环境对人力资本要求不高，加之居民对提升知识、技能的内在动力不足，就导致了旅游专业化提高对人力资本挤出的现象。

旅游专业化对制造业发展在东部表现为挤出效应，在西部没有明显作用。东部的挤出原因可能为：首先，旅游作为一种资源依赖型产业，具有一定的初级产业特征，对劳动力素质要求低，容易将制造业的劳动力吸引到旅游部门，对制造业有挤出效应；其次，由于对旅游业的"投入低回报高，对劳动力素质要求低，对环境破坏小"的传统认知，导致政府在有资源禀赋基础时的将旅游作为优先发展产业，旅游业的占比高将有可能诱发"去工业化"效应。西部地区的旅游发展对制造业没有明显挤出，而是表现出不太显著的促进作用的原因可能为：西部地区发展旅游业是根据其自身的资源禀赋、经济基础的综合条件而做出的一个选择，制造业的发展会受此选择的一定影响，但可能更大的原因还来自制造业在西部地区发展自身的先天不足，即如果我们放弃对旅游产业的发展，制造业并不会因此而有更好的发展。

（6）旅游专业化程度应控制在合理阈值内。

根据理论及实证分析，本章提出应将旅游专业化程度控制在合理阈值内，客观对待旅游发展对经济增长的积极效应和负面效应。针对不同区域旅游专业化程度提高导致的"去工业化"效应、"人力资本"挤出效应、物价水平上升等情况，应根据区域情况恰当运用政府干预手段，协调好旅游与其他要素的平衡发展。

（7）新疆旅游专业化发展在波动中变化，且发展大致呈现向东北方向偏移的态势，各因素对新疆旅游专业化产生的影响各不相同。

通过面板回归分析旅游资源禀赋、旅游接待能、交通通达性、地区经济发展状况、旅游服务水平及政府干预程度 6 方面的因素对新疆旅游专业化影响，得出旅游资源禀赋、旅游接待能力和地区经济发展水平对旅游专业化的影响较大，其中旅游资源禀赋、旅游接待能力、交通通达性对旅游专业化发展有促进作用。而旅游服务水平和政府干预程度对旅游专业化的发展影响则不甚显著。

（8）新疆旅游专业化与经济增长总体呈倒 U 型曲线关系。

新疆旅游专业化广度、旅游专业化质量、旅游专业化人力投入效率、旅游专业化物力投入效率与经济增长规模呈非线性的倒 U 型曲线关系，新疆旅游专业化深度与经济增长规模之间呈 U 型曲线关系；新疆旅游专业化广度、旅游专业化质量、旅游专业化物力投入效率与经济增长速度之间存在倒 U 型曲线关系，新疆旅游专业化深度与旅游专业化人力投入效率与经济增长速度之间存在 U 型曲线关系。

（9）总体来看，新疆旅游投资变化轨迹与旅游经济发展较为一致。

第一，旅游经济重心演化表现为小幅度向北迁移的趋势，新疆旅游经济在南北上存在一定差异；基础设施投资重心先向西南继而向东北方向迁移，最终与 2000 年重心重合，表明全疆基础设施建设正在逐步完善，差距正在逐步缩小；旅游投资重心先向北随后向西南方向迁移，说明新疆旅游投资不仅在南北而且在东西方向上存在非均衡性。第二，旅游经济对基础设施投资呈正响应，表明基础设施投资对旅游投资有着一定的推动作用，但随着时间推移这种推动作用逐渐趋于平缓，这可能是由于长期内基础设施投资并不足以产生持续的旅游吸引力以增加旅游收入。旅游经济对旅游投资在一定滞后期后呈正响应，这说明旅游投资对旅游经济发展也有显著推动作用，但这种推动作用存在一定滞后期，随着时间推移，这种推动作用逐渐增强。第三，格兰杰因果检验显示，旅游经济与基础设施投资之间存在单向因果关系，基础设施投资能够引起旅游经济的变化，但旅游经济不能引起基础设施投资的变化；旅游经济与旅游投资之间存在双向因果关系，这种关系说明加大旅游投资在一定程度上能够促进旅游经济增长，反之旅游经济增长也在一定程度上带动了旅游投资。

10.2　启示与建议

本书通过理论和实证分析，旅游专业化与经济增长的净效应为其收入效应与资源转移效应的均衡结果，二者表现为倒 U 型曲线关系。中国旅游专业化程度在合理阈值内，净效应为祝福效应；在超过合理阈值后，则净效应为诅咒效应。且旅游专业化主要通过科技创新投入、人力资本、制造业发展等要素对经济增长产出传导作用，因此，本书从总体控制到传导要素的角度提出如何最大程度地发挥旅游的祝福效应，推延旅游的诅咒效应的有关政策建议。

（1）将旅游专业化程度控制在合理阈值范围内。

旅游发展犹如一把"双刃剑"，其因为收入效应促进经济增长，同时又因资源转移效应抑制经济增长，需要根据地区的实际状况研究旅游专业化的程度及阈值，将其调控在最大程度地接近阈值，以保持旅游带来最理想的祝福效应，推延旅游的诅咒效应。控制旅游专业化阈值需要政府和市场共同作用。

（2）在规避旅游诅咒效应的前提下，使旅游专业化对经济增长的正向影响达到最大阈值。

近年来，陆续已有多省（区、市）将旅游业作为支柱产业进行重点培养、发展，这主要是只关注到旅游所带来的可观收入效应，而对旅游发展带来的消极效应缺乏考虑所致。本章通过研究证实在东部地区旅游专业化程度过高，对制造业有挤出效应，会导致"去工业化"效应。制造业部门在地区和国家经济发展中仍然保持着最重要的角色。在现实中，对制造业的转移效应是有害的。如果旅游业受到外部冲击或各种原因而衰落时，人们就需要担心缺乏制造业支撑的经济增长乏力的后果，到那时再想依靠制造业提升竞争力绝非易事，因为制造业返回并不像它走时那样容易。因此一个地区的政策制定者了解旅游对工业发展的影响非常重要，在政策制定时务必考虑到旅游业与制造业的协调。因此，建议政府投资对有旅游专业化潜力的地区进行投资时要考虑到不仅为旅游投资，同时也应考虑到对既可以提供给旅游部门同时也可以提供给制造业部门使用的传统基础设施的投资。这可能会降低企业的总体成本，或减小可能带来的实际汇率的扭曲。因此，生产力强的制造业和生产力较低的旅游部门能并存，且两部门都可以比常见的物质资本投资方式产生高于平均水平的收益。通过这种方式可以更有效地发挥旅游发展的收入效应，规避其对制造业的挤出效应。

（3）合理利用旅游收入效应红利，为制造业发展提供基础。

本书对西部的研究发现，西部的旅游业繁荣并没有对制造业形成挤出效应，而是有不显著的正向促进作用。因此根据西部的特殊发展环境，还可以通过旅游发展红利来促进制造业发展。工业化仍是当前我们实现经济更好发展的最主要途径。一个没有制造业支撑的地区旅游业的经济功能也比较有限，且抗风险能力弱。因此，在旅游发展能实现良好收入效应的阶段，充分利用旅游收入对制造业的发展提供资金，为制造业的发展提供其力所能及的力量。这有利于避免旅游因收入效应递减而不能很好发挥经济功能时，地区实体经济空心化。并且因地制宜，对具有旅游资源禀赋又缺乏现代制造业发展基础的地区或市、县，努力做好旅游专业化的发展，但一定要通过政府调控手段做好省区内产业间的衔接互助，实现区内或国内旅游业与制造业的良性互动。

（4）政府有效干预，更大程度实现旅游专业化对经济的正向促进作用。

如果旅游业税收收入用来回馈于当地居民，由于财富效应，旅游者消费税不能治愈荷兰病。相反，如果旅游业税收收入用来为制造业部门提供生产管理服务，旅游业税收收入可以治愈荷兰病。为了纠正旅游业的拥塞外部性对海外旅游税收收入的扭曲，政府不应该只对旅游消费征收一般税，而应该区分国内和国外旅游消费，并对外国旅游者征收附加税，对一般税和附加税的比例控制也很重要。高效的政府支出可以更强烈地影响资源分配，为制造业的发展提供支持。当然税收是一种可借鉴的方式，但是政府还可以通过资源补偿税、转移支付等多种方式对旅游业与制造业进行调节，从而起到发挥正向作用规避负向作用的效果。并运用行政、经济、技术等手段确保旅游业与其他要素间协调发展，将旅游发展控制在最佳阈值区间内。[213]并且，政府协调好旅游业与其他要素的发展关系，将旅游业发展的红利运用到制造业、科技投资等，并通过政策约束、合理引导旅游目的地的教育，地区经济增长既有增长点和支撑点，又能保持旺盛的经济活力，从而获得经济的持续发展。

（5）延伸旅游产业链，将旅游与高新技术产业更好融合。

努力促进旅游与科技进行较好的融合。旅游业关联度强，可与其他部门与产业共享资源；旅游的转型升级呼唤科技质量提升，重点风景名胜区进行数字化建设的试点，国家西部大开发政策对新疆、西藏等地加大扶持力度，提高生态环境保护能力的需求等对旅游科技有大力推动作用。努力克服区域经济发展尚落后，资金投入不足，科技人才缺乏，创新环境较差，生态系统十分脆弱的困难和挑战。政府对科技兴旅应更加重视，加大科技的投入力度。

为了保证旅游对科技的促进，应遵循以政府为引导、市场做导向、企业为主体、资源为基础的原则，构建全面的交流合作机制、宣传教育机制、协调机制、监督机制等，将研发机构、科研院校、行业协会、行政部门等形成合力，整合各部门、协会的资金、技术、人力资本等做好科技实践工作。

（6）努力实现旅游的教育功能，提高人力资本积累。

旅游与教育之间具有很深的渊源。[214]当前旅游的教育功能发挥还不够充分，尤其是西部地区，旅游与人力资本之间的互动效应较弱。我们应对旅游活动进行更好的设计，提高旅游者的参与性及在"游中学"的知识的丰富性及获取的便捷性。为实现旅游的教育功能，可以通过聘请大学的教授或专家做兼职导游，或通过特别策划、编排设计，实现更有效的主题旅游，如高校旅游、科技参观、博物馆参观、工业旅游等形式提高人们对知识的兴趣，激发人们提高自身文化素质的动机，实现寓教于游。另外可通过政府投资基础教育的形式，提高人力资本积累。教育所形成的人力资本是居民提高收入水平的主要方式。有研究显示只要某地居民的平均受教育年限能达到 12.5 年，则教育可以抵消资源开发导致的资源诅咒效应，[215]同样旅游开发对西部地区教育的挤出效应也可以通过政府实施合理有效的政策而得到改善。

10.3 进一步研究的方向

旅游专业化与经济增长关系问题在国内还是一个崭新的研究问题。在国际相关研究的基础上，本书进行了尝试性研究。在结合旅游消费理论、旅游收入效应与资源转移效应均衡理论的基础上构建了本章的理论框架。运用面板数据从省际层面上分东部和西部两区域对二者关系进行了分析，发现旅游专业化对经济的传导效应在东西部地区表现有较大差异。旅游专业化在不同地区、不同阶段对经济的作用效应也有所差别，据此提出相应政策建议。文章对旅游诅咒效应的识别及旅游专业化在东部和西部的最佳阈值进行了分析，具有一定的理论和现实意义。但由于旅游专业化与经济增长关系问题的复杂性和动态性，相关数据的局限性，及本人研究水平的限制，在此领域还有一些问题有待更深入的研究。

第一，旅游专业化与经济增长关系的阶段性研究。旅游专业化对经济增长的影响会因内外环境而有所变化，因此随着时间推移，应进行不同时间段及旅游发展阶段的关系分析。

第二，本书是针对省际、区际层面的研究，对于旅游专业化与经济增长在市、县、镇等行政单元之间的差异不能很好刻画，且因为计量分析对大样本的需求，目前无法进行分阶段的旅游专业化对经济增长影响的分析，将来随着统计数据的完善、扩充，还需要扩充更多样本进行研究。

第三，旅游专业化对经济增长影响的传导效应复杂，但本书主要根据国外研究所考虑的主要因素进行有针对性的选择，可能还存在因中国国情而不同的特殊机制，这还有待进一步探索。

第四，关于如何有效规避旅游专业化可能产生的资源诅咒效应，还有待深入研究。

参 考 文 献

［1］国家旅游局统计资料.http：//www. hkcts. com/news/hangyezixunyi 1005745. html.

［2］王雅林. 信息化与文明休闲时代 ［J］. 学习与探索，2000（6）：74 - 79.

［3］魏翔，虞义华. 闲暇效应对经济产出和技术效率的影响 ［J］. 中国工业经济，2011（1）：130 - 139.

［4］欧洲推动 "再工业化" 增强抵御危机能力 ［N］. 人民日报，2011 - 11 - 28（10）.

［5］Javier Capo', Antoni Riera Font and Jaume Rossell' Nadal. Dutch Disease in Tourism Economies：Evidence from the Balearics and the Canary Islands ［J］. Journal of Sustainable Tourism, 2007, 15（6）：615 - 628.

［6］Lanza A. , Pigliaru F. Why are Tourism Countries Small and Fast Growing? ［C］. Fossati A. , Pannella G. Tourism and Sustainable Development, Dordrecht：Kluwer Academic Publisher, 2000b：57 - 69.

［7］Lanza A. , Pigliaru F. Why are Tourism Countries Small and Fast Growing? ［C］. Fossati A. , Pannella G. Tourism and Sustainable Development, Dordrecht：Kluwer Academic Publisher, 2000b.

［8］Lanza A. , Temple, P. , & Urga, G. The Implications of Tourism Specialisation in the Long Run：An Econometric Analysis for 13 OCDE Economies ［J］. Tourism Management, 2003（24）：315 - 321.

［9］Brau, R. , Lanza, A. , & Pig liaru, F. How Fast are Small Tourism Countries Growing? Evidence from the Data for 1980 ~ 2003 ［J］. Tourism Economics, 2007, 13（4）：603 - 613.

[10] Sequeira T. N. and Nunes P. M. Does Tourism Influence Economic Growth? A Dynamic Panel Data Approach [J]. Applied Economics, 2008, 40 (16 - 18): 2431 - 2441.

[11] Holzner, M. Tourism and Economic Development: The Beach Disease? [J]. Tourism Management, 2011 (32): 22 - 933.

[12] Adamou A., Clerides S. Prospects and Limits of Tourism - led Growth: The International Evidence [Z]. Working Paper of the Rimini Centre for Economic Analysis, 2009.

[13] Po, W. - C., & Huang, B. - N. Tourism Development and Economic Growth, a Nonlinear Approach [J]. Phisica A, 2008 (387): 5535 - 5542.

[14] 邓冰. 旅游业的集聚及其影响因素初探 [J]. 桂林旅游高等专科学校学报, 2006, 15 (6).

[15] 郝寿义, 范晓莉. 城市化水平、技术创新与城市经济增长——基于我国 25 个城市面板数据的实证研究 [J]. 现代管理科学, 2012 (1).

[16] 张辉, 厉新建. 旅游经济学原理 [M]. 北京: 旅游教育出版社, 2004 (4): 2 - 6.

[17] Arslanturk Y., Balcilar M. and Ozdemir Z. A. Time - varying Linkages between Tourism Receipts and Economic Growth in a Small Open Economy [J]. Economic Modelling, 2010, 6 (3): 1 - 8.

[18] Bhagwati J., Srinivasan T. Trade Policy and Development. In Dornbusch R, Frenkel J (eds) International Economic Policy: Theory and Evidence [M]. Johns Hopkins University Press, Baltimore, 1979: 1 - 35.

[19] Krueger A. O. Trade Police as an Input to Development [J]. Amercian Economic Review, 1980, 70 (2): 288 - 292.

[20] Soukiazis E., Proenca S. Tourism as an Alternative Source of Regional Growth in Portugal: a Panel Data Analysis at NUTS II and III Levels [J]. Portuguese Economic Journal, 2008, 7 (1): 43 - 61.

[21] Ghali M. A. Tourism and Economic Growth: An Empirical Study [J]. Economic Development & Cultural Change, 1976, 24 (3): 527 - 538.

[22] Tosun C. Analysis of the Economic Contribution of Inbound International

Tourism in Turkey [J]. Tourism Economics, 1999, 5 (3): 217 – 50.

[23] Cortes – Jimenez I and Pulina M. A Further Step into the ELGHand TLGH for Spain and Italy [J]. Fondazione Eni Enrico Mattei, Working Papers, 2006: 118.

[24] Nowak J. J. , Sahli M. and Cortes – Jimenez I. Tourism, Capital Good Imports and Economic Growth: Theory and Evidence for Spain [J]. Tourism Economics, 2007, 13 (4): 515 – 536.

[25] Lanza, A. , & Pigliaru, F. Tourism and Economic Growth: Does Country's Size Matter? [J]. Rivista Internazionale Di scie nze Economiche e Commerciali, 2000 (47): 77 – 85.

[26] Balaguer, J. & Cantavella – Jordà, M. Tourism as a long-run economic growth factor: The Spanish case [J]. Applied Economics, 2002 (34): 877 – 884.

[27] Ramesh, Durbarry. Tourism and Economic Growth: The Case of Mauritius [J]. Tourism Economics, 2004, 10 (4): 389 – 401.

[28] Gunduz, L. & Hatemi – J. , A. Is the Tourism – Led Growth Hypothesis Valid for Turkey? [J]. Applied Economics Letters, 2005 (12): 499 – 504.

[29] Capó, J. Riera Font, A. & Rosselló Nadal, J. Tourism and Long – term Growth. A Spanish Perspective [J]. Annals of Tourism Research, 2007a, 34 (3): 709 – 726.

[30] Singh, D. R. Small Island Developing States (SIDS). Tourism and Economic Development [J]. Tourism Analysis, 2008 (13): 629 – 636.

[31] Kaplan, M. & Çelik, T. The Impact of Tourism on Economic Performance: The Case of Turkey [J]. The International Journal of Applied Economics and Finance, 2008, 2 (1): 13 – 18.

[32] Mahmut, Zortuk. Economic Impact of Tourism on Turkey's Economy: Evidence from Cointegration Tests [J]. International Research Journal of Finance and Economics, 2009 (25): 231 – 239.

[33] Narayan P. K. and Prasad B. C. Does Tourism Granger Causes Economic Growth in Fiji? [J]. Empirical Economics Letters, 2003, 2 (5): 199 – 208.

［34］ Brida J. G., Carrera E. J. S. and Risso W. A. Tourism's Impact on Long – Run Mexican Economic Growth ［J］. Economics Bulletin, 2008, 3 (21): 1 – 8.

［35］ Fayissa, B. Nsiah, C., & Tadasse, B. Impact of Tourism on Economic Growth and Development in Africa ［J］. Tourism Economics, 2008, 14 (4): 807 – 818.

［36］ Lee, C. – C., & Chang, C. – P. Tourism Development and Economic Growth: A Closer Look to Panels ［J］. Tourism Management, 2008a, (29): 80 – 192.

［37］ Soukiazis, E., & Proenca, S. Tourism as an alternative source of regional growth in Portugal: A panel data analysis at NUTS II and III levels ［J］. Portuguese Economic Journal, 2008, 7 (1): 43 – 61.

［38］ Chen, C. – F., & Chiou – Wei, S. Z. Tourism Expansion, Tourism Uncertainty and Economic Growth: New Evidence from Taiwan and Korea ［J］. Tourism Management, 2009 (30): 812 – 818.

［39］ Nissan, E., Galindo, M. A., & Mendez, M. T. Relationship between Tourism and Economic Growth ［J］. The Servic Industries Journal, 2011, 31 (19): 1567 – 1572.

［40］ Marrocu, E. & Paci, R. They Arrive with New Information. Tourism Flows and Production Efficiency in the European Regions ［J］. Tourism Management, 2011 (32): 750 – 758.

［41］ Oh, C. – O. The Contribution of Tourism Development to Economic Growth in the Korean Economy ［J］. Tourism Management, 2005 (26): 39 – 44.

［42］ Nigun. Relationship between Tourism and Economic Growth ［J］. The Servic Industries Journal, 2006, 31 (19): 1567 – 1571.

［43］ Lee, C. – C. & Chien, M. – S. Structural Breaks, Tourism Development, and Growth: Evidence from Taiwan ［J］. Mathematics and Computers in Simulation, 2008 (77): 358 – 368.

［44］ Nikolaos, Dritsakis. Tourism Development and Economic Growth in Seven Mediterra – nean Countries: A Panel Data Approach ［J］. Tourism Economics, 2012, 18 (4): 801 – 816.

［45］ Demiroz, D. M. , & Ongan, S. The Contribution of Tourism to the Long – run Turkish Economic Growth ［J］. Ekonomický Časopis, 2005 (9): 880.

［46］ Kim J. , Chen M. – H. , Jang S. Tourism Expansion and Economic Development: The Case of Taiwan ［J］. Tourism Management, 2006, 27 (5): 925 – 933.

［47］ Khalil, S. Mehmood, K. K. & Waliullah, K. Role of Tourism in Economic Growth: Empirical Evidence from Pakistan Economy ［J］. The Pakist an Development Review, 2007, 46 (4): 985 – 995.

［48］ Katircioglu, S. T. Revising the Tourism – led – Growth Hypothesis for Turkey using the Bounds Test and Johansen Approach for Cointegration ［J］. Tourism Management, 2009a, (30): 17 – 20.

［49］ Eugenio – Martín, J. L. Morales, N. M & Scarpa, R. Tourism and Economic Growth in Latin American Countries: A Panel Data Approach ［J］. Social Science Electronic Publishing, 2004.

［50］ Lee, C. – C. & Chang, C. – P. Tourism Development and Economic Growth: A Closer Look to Panels ［J］. Tourism Management, 2008a, (29): 80 – 192.

［51］ Santana – Gallego, M. , Lede sma – Rodríguez, F. , Pérez – Rodríguez, J. , et al. Does a Common Currency Promote Countries' Growth via Trade and Tourism? ［J］. World Economy, 2010, 33 (12): 1811 – 1835.

［52］ Mathieson A. , Wall G. Tourism: Economic, Physical and Social Impacts ［M］. Longman Inc, 1982: 56 – 58.

［53］ Archer. Tourism Multipliers: the state of the Bangor ［A］. Occasional Papersin Economics ［C］. Bangor: University of WalesPress, 1980: 11.

［54］ Mathieson A. , Wall G. Tourism: Economic, Physical and Social Impacts ［M］. Longman Inc, 1982: 80 – 82.

［55］ Archer B. , Fletcher J. The Economic Impact of Tourismin The Seychelles ［J］ Annals of Tourism Research, 1996, 23 (1): 32 – 47.

［56］ Johnson R. L. , Moore E. Tourism impact estimation ［J］. Annals of Tourism Research, 1993, 20 (2): 279 – 288.

[57] 吴国新. 旅游产业发展与我国经济增长的相关性分析 [J]. 上海应用技术学院学报, 2003, 3 (4): 238 – 241.

[58] 周四军, 张墨格. 中国旅游业发展与经济增长的统计分析 [J]. 统计与信息论坛, 2006, 21 (4): 60 – 64.

[59] 杨智勇. 旅游消费与经济增长的互动效应实证分析 [J]. 内蒙古财经学院学报, 2006 (2): 27 – 30.

[60] 陶金龙, 袁勇志, 何会涛. 苏州市旅游业经济拉动效应的实证分析 [J]. 社会科学家, 2004 (5): 99 – 102.

[61] 苏继伟. 邱沛光. 旅游业对地区经济发展的贡献分析 [J]. 统计与决策, 2005 (8): 115 – 116.

[62] 陈友龙, 刘沛林, 许抄军等. 我国旅游业发展与经济增长的因果关系研究 [J]. 衡阳师范学院学报, 2006, 27 (1): 93 – 96.

[63] 和红, 叶民强. 中国旅游业与经济增长相关关系的动态分析 [J]. 社会科学辑刊, 2006 (2): 134 – 138.

[64] 赵东喜. 福建入境旅游与经济增长和对外开放关系动态分析 [J]. 福建师范大学学报 (哲学社会科学版), 2007 (6): 127 – 131.

[65] 刘桂玉, 张战仁. 国际旅游收入与地方经济增长动态关系的实证分析——以桂林市为例 [J]. 旅游论坛, 2008, 1 (1): 106 – 109.

[66] 庞丽, 王铮, 刘清春. 我国入境旅游和经济增长关系分析 [J]. 地域研究与开发, 2006, 25 (3): 51 – 55.

[67] 刘长生. 我国旅游业发展与经济增长的关系研究 [J]. 旅游科学, 2008, 22 (5): 23 – 32.

[68] 杨勇. 旅游业与我国经济增长关系的实证研究 [J]. 旅游科学, 2006, 20 (2): 40 – 46.

[69] 屠文雯, 冯俊文. 中国旅游业发展与经济增长关系的实证研究 [J]. 南京理工大学学报 (社会科学版), 2008, 21 (6): 99 – 104.

[70] 张丽峰. 我国城镇居民旅游消费对经济增长影响的实证分析 [J]. 消费经济, 2008, 28 (5): 81 – 85.

[71] 楚义芳. 旅游的空间经济分析 [M]. 西安: 陕西人民出版社, 1992: 156 – 165.

［72］李天元. 旅游学概论［M］. 天津：南开大学出版社，2000：89 -
93.

［73］林南枝. 旅游经济学［M］. 南京：南开大学出版社，2009：68 -
76.

［74］陶汉军，伍柳，盛嗣清. 旅游经济学简明教程［M］. 上海：上海
财经大学出版社，2005：126 - 129.

［75］左冰. 旅游的经济效应分析、旅游管理硕士论文文库—2000［M］.
北京：旅游教育出版社，2001：88 - 99.

［76］方颖，纪衍，赵杨. 中国是否存在"资源诅咒"［J］. 世界经济，
2011（4）：144 - 160.

［77］Corden，W. M.，& J. P. Neary，Booming Sector and De - industriali-
zation in a Small Open Economy［J］. Economic Journal，1982（368）：825 -
848.

［78］Copeland，B. R. Tourism，Welfare and De - industrialization in a Small
Open Economy［J］. Economica，1991（232）：515 - 529.

［79］Mieiro，S.，Ramos，P N. Dutch Disease in Macau：Diagnosis and
Treatments［EB/OL］.（2010 - 04 - 15）［2011 - 04 - 30］. http：//www. Eefs.
eu/conf/athens/Papers/593.

［80］Chao，C. - C.，Hazari，B. R.，& Laffargue，J - P，et al. Tourism，
Dutch Disease，and Welfare in an Open Dynamic Economy［J］. The Japanese
Economic Review，2006，57（4）：501 - 515.

［81］Nishaal，Gooroochurn，& Adam，Blake. Tourism Immiserization：Fact
or Fiction?［EB/OL］.（2005 - 11 - 12）［2011 - 04 - 30］. http：//www.
feem. it/userfiles/attach/Publication/NDL2005/NDL2005 - 143.

［82］Javier Capo'，Antoni Riera Font and Jaume Rossell o' Nadal. Dutch
Disease in Tourism Economies：Evidence from the Balearics and the Canary Islands
［J］. Journal of Sustainable Tourism，2007，15（6）：615 - 628.

［83］Copeland，B. R. Tourism，Welfare and De - Industrialization in a Small
Open Economy［J］. Economica，New Series，1991，58（232）：515 - 529.

［84］Chen，L. L.，& Devereux，J. Tourism and Welfare in Sub - Saharan

Africa: A Theoretical Analysis [J]. Journal of African Economies, 1999, 8 (2): 209 – 227.

[85] Hazari, B. R. , & Nowak, J. J. Tourism, Taxes and Immiserization: A Trade Theoretic Analysis [J]. Pacific Economic Review, 2003, 8 (3): 279 – 287.

[86] Nowak, J. – J. , Sahli, M. , & Sgro, P. M. Tourism, Trade and Domestic Welfare [J]. Pacific Economic Review, 2003, 8 (3): 245 – 258.

[87] Kenell, L. Dutch Disease and Tourism: The Case of Thailand (Bachelor Thesis)', Department of Economics, Lund University, 2008.

[88] Sheng, L. , &Tsui, Y. A General Equilib – rium Approach to Tourism and Welfare: The Case of Macao [J]. Habitat International, 2009 (33): 419 – 24.

[89] Mario, Holzner. Tourism and Economic Development: The Beach Disease? [J]. Tourism Management, 2011 (32): 922 – 933.

[90] Benjamin Faber, A. Peculiar Trade: Tourism and Industrialization in a Developing Country [J]. Tourism Management, 2012 (5): 1 – 26.

[91] 左冰. 旅游能打破资源诅咒吗? ——基于中国 31 个省(区、市)的比较研究 [J]. 商业经济与管理, 2013 (5): 60 – 68.

[92] Juin – Jen, Chang, Lee – Jung, Lu. , & Shin – Wen, HU. Congestion Externalities of Tourism, Dutch Disease and Optimal Taxation: Macroeconomic Implications [J]. The Economic Record, 2011, 87 (276): 90 – 108.

[93] Dao – Zhi, Zeng, & Xiwei, Zhu. Touism and Industrial Agglomeration [J]. The Japanese Economic Review, 2011, 62 (4): 537 – 561.

[94] Copeland, B. R. Tourism, Welfare and De – industrialization in a Small Open Economy [J]. Economica, 1991, 58 (232): 515 – 529.

[95] Corden, W. M. , & J. P. Neary. Booming Sector and De – industrialization in a Small Open Economy [J]. Economic Journal, 1982, 92 (368): 825 – 848.

[96] Hazari, B. R. , & P. M. Sgro. Tourism, Trade and National Welfare [J]. Contributions to Economic Analysis, 2004.

［97］ J. J. Nowak, M. Sahli, & D. Zdravevski. Tourism and Regional Immiserization ［J］. Pacific Economic Review, 2003, 8 (3): 269 – 278.

［98］ Dao – Zhi, Zeng, & Xiwei, Zhu. Tourism and Industrial Agglomeration ［J］. The Japanese Economic Review, 2011, 62 (4): 537 – 561.

［99］ 朱希伟, 曾道智. 旅游资源、工业集聚与资源诅咒 ［J］. 世界经济, 2009 (5): 65 – 72.

［100］ 钟伟. 旅游业扩张对城市经济增长的影响: 理论模型与实证研究 ［D］. 上海: 华东师范大学, 2013.

［101］ Lanza A., Pigliaru F. Why are Tourism Countries Small and Fast Growing? ［C］. Fossati A., Pannella G. Tourism and Sustainable Development, Dordrecht: Kluwer Academic Publisher, 2000b: 57 – 69.

［102］ Lanza, A., Temple, P., & Urga, G. The Implications of Tourism Specialisation in the Long Run: An Econometric Analysis for 13 OCDE Economies ［J］. Tourism Management, 2003 (24): 315 – 321.

［103］ Brau, R., Lanza, A., & Pig liaru, F. How Fast are Small Tourism Countries Growing? Evidence from the Data for 1980 – 2003 ［J］. Tourism Economics, 2007, 13 (4): 603 – 613.

［104］ Sequeira, T. N., Nunes P. M. Does Tourism Influence Economic Growth? A Dynamic Panel Data Approach ［J］. Applied Economics, 2008, 40 (16 – 18): 2431 – 2441.

［105］ Holzner, M. Tourism and Economic Development: The Beach Disease? ［J］. Tourism Management, 2011 (32): 922 – 933.

［106］ Adamou A., Clerides S. Prospects and Limits of Tourism – led Growth: The International Evidence ［Z］. Working Paper of the Rimini Centre for Economic Analysis, 2009.

［107］ Po, W. – C., Huang, B. – N. Tourism Development and Economic Growth, A Nonlinear Approach ［J］. Phisica A, 2008 (387): 5535 – 5542.

［108］ Chang, C. L., Khamkaew T., & McAleer, M J. A Panel Threshold Model of Tourism Specialization and Economic Development ［J］. Working Papers, 2009: 1 – 43.

［109］Brau，R.，Lanza，A.，& Pigliaru，F. How Fast are Small Tourist Countries Growing？［Z］. Working Paper for CRNEOS，2003.

［110］Lanza，A.，& Pigliaru，F. Tourism and Economic Growth：Does Country's Size Matter？［J］. Rivista Internazionale Di scienze Economiche e Commerciali，2000（47）：77 - 85.

［111］Sequeira，T N.，& Campos，C. Fondazione Eni Enrico Mattei［Z］. Working Papers，2005：141.

［112］Figini，P.，& Vici，L. Tourism and Growth in a Cross section of Countries［J］. Tourism Economics，2010，16（4）：789 - 805.

［113］武春友，谢凤媛. 入境旅游发展与经济增长的非线性关系——基于门限面板数据模型的实证研究［J］. 商业经济与管理，2010（2）：35 - 42.

［114］赵磊，毛润泽. 旅游发展、门槛效应与经济增长——来自中国的经验证据［J］. 山西财经大学学报，2013（12）：69 - 83.

［115］罗明义. 旅游经济学原理［M］. 上海：复旦大学出版社，2004.

［116］刘迎辉. 陕西省旅游经济效应评价研究［D］. 陕西：西北大学，2010.

［117］利克里什，詹金斯（Likorish，L. J.，Jenkins，C. L.）. 旅游学通论［M］. 北京：中国旅游出版社，2002：2 - 43.

［118］朱希伟，曾道智. 旅游资源、工业集聚与资源诅咒［J］. 世界经济，2009（5）：65 - 72.

［119］戈尔德耐，里奇，麦金托什（Goeldner，C. R.，Ritchie，J. R. B.，Mcintosh，R. W.）. 旅游业教程：旅游业原理、方法和实践［M］. 第8版. 大连：大连理工大学出版社，2003：前言第1页.

［120］利克里什，詹金斯（Likorish，L. J.，Jenkins，C. L.）. 旅游学通论［M］. 北京：中国旅游出版社，2002：40.

［121］王大悟，魏小安. 新编旅游经济学［M］. 上海：上海人们出版社，1998：96 - 100.

［122］谢彦君. 基础旅游学第二版［M］. 北京：中国旅游出版社，2004：153 - 158.

［123］威廉·配第. 政治算术［M］. 马妍译. 北京：商务印书馆，

1978：56 – 64.

　　［124］亚当・斯密. 国民财富的性质和原因的研究 ［M］. 北京：商务印书馆，1979：88 – 98.

　　［125］大卫・李嘉图. 政治经济学及税赋原理 ［M］. 北京：商务印书馆，1982：69 – 73.

　　［126］魏翔，虞义华. 闲暇效应对经济产出和技术效率的影响 ［J］. 中国工业经济，2001 （1）：130 – 139.

　　［127］魁奈. 魁奈经济著作选集 ［M］. 北京：商务印书馆，1979：99 – 105.

　　［128］马克思，恩格斯. 马克思恩格斯全集 ［M］. 北京：人民出版社，1974：180 – 190.

　　［129］马克思，恩格斯. 马克思恩格斯全集 ［M］. 北京：人民出版社，1979：165 – 169.

　　［130］西斯蒙第. 政治经济学原理 ［M］. 北京：商务印书馆，1982：89 – 96.

　　［131］凯恩斯. 就业利息和货币通论 ［M］. 北京：商务印书馆，1996：120 – 128.

　　［132］库兹涅茨. 各国的经济增长 ［M］. 北京：商务印书馆，1999：136 – 143.

　　［133］罗斯托. 经济成长的阶段：非共产党宣言 ［M］. 北京：商务印书馆，1962：52 – 56.

　　［134］周文丽. 城乡居民国内旅游消费对经济增长的影响研究 ［D］. 西安：西北农林科技大学，2011.

　　［135］华北旅游网. 中国旅游业发展的简要回顾 ［EB/OL］. http：// www. pksq. gov. en/_ siteld/29/pageld/26/eolumnld/207/artieleld/620/Displayln-fo. aspy，2007 – 04 – 08.

　　［136］Khan，H. Tourism Industry Assoeiation and Industria lspread Analysis ［J］. Annals Of Tourism Research，1995 （19）：241 – 245.

　　［137］刘迎辉，郝索. 国内旅游与入境旅游对促进我国经济增长的比较研究 ［J］. 统计与决策，2009 （14）：120 – 122.

［138］徐晗. 旅游业发展的区域经济效应研究 ［D］. 长春：吉林大学，2010.

［139］Corden, W. M. , & J. P. Neary. Booming Sector and De – industrialization in a Small Open Economy ［J］. Economic Journal, 1982, 92 (368)：825 – 848. .

［140］Copeland, B. R. Tourism, Welfare and De – industrialization in a Small Open Economy ［J］. Economica, 1991, 58 (232)：515 – 529.

［141］Javier, Capo', Antoni, Riera Font. , & Jaume, Rossell, o' Nadal. Dutch Disease in Tourism Economies：Evidence from the Balearics and theCanary Islands ［J］. Journal of Sustainable Tourism, 2007, 15 (6)：615 – 628.

［142］Auty, R. Resource Abundance and Economic Development ［M］. Oxford：Oxford University Press, 2001.

［143］Gelb, A. Windfall Gains：Blessing or Curse? ［M］. Oxford：Oxford University Press, 1998.

［144］Gylfason, T. , Herbertsson, T. , & Zoega, G. Mixed Blessing：Natural Resources and Economic Growth ［J］. Macroeconomic Dynamics, 1999, 3 (2A)：04 – 225.

［145］Karl, T. The Paradox of Plenty：Oil Booms and Petro States. Berkeley ［M］. CA：University of California Press, 1997.

［146］Nyatepe – Coo, A. Dutch Disease, Government Policy and Import Demand in Nigeria ［J］. Applied Economics 1994 (26)：327 – 336.

［147］Sachs, J. , &Warner, A. Natural Resource Abundance and Economic Growth ［J］. NBER Working Paper, 1995 (5398)：3 – 43.

［148］Torvik, R. Learning by Doing and the Dutch Disease ［J］. European Economic Review, 2001 (45)：285 – 306.

［149］Gylfason, T. Nature, Power, and Growth ［J］. Scottish Journal of Political Economy, 2001a, (48)：558 – 588.

［150］Gylfason, T. Natural Resources, Education, and Economic Development ［J］. European Economic Review, 2001b, (45)：847 – 859.

［151］Bardhan, P. Corruption and Development：A Review of the Issues

[J]. Journal of Economic Literature, 1997 (35): 1320 – 1346.

[152] Tornell, A., & Lane, P. The Voracity Effect [J]. The American Economic Review, 1999, 89 (1): 22 – 46.

[153] Dao – Zhi Zeng, Xiwei, Zhu. Tourism and Industrial Agglomeration [J]. The Japanese Economic Review, 2011, 62 (4): 537 – 561.

[154] Krugman, P. Scale Economies, Product Differentiation, and the Pattern of Trade [J]. American Economic Review, 1980, 70 (5): 950 – 959.

[155] Krugmen, Paul. Increasing Returns and Economic Geography [J]. Journal of Political Economy, 1991, 99 (3): 483 – 499.

[156] Juin – Jen Chang, Lee – Jung Lu, Shih – Wen Hu. Congestion Externalities of Tourism, Dutch Disease and Optimal Taxation: Macroeconomic Implications The Economic Record, 2011, 87 (276): 90 – 108.

[157] Ji, K., Magnus, J., & W, Wang. Resource Abundance and Resource Dependence in China [J]. Center Discussion Paper Series, 2010 (20): 10 – 109.

[158] England, P., Farkas, B., & Kilbourne, T. Explaining Occupational Sex Segregation and Wages: Findings from a Model with Fixed Effects [J]. American Sociological Review, 1988 (4): 544 – 558.

[159] Boehmer, E., & Megginson, W. Determinants of Secondary Market Prices for Developing Country Syndicated loans [J]. The Journal of Finance, 1990 (5): 1517 – 1540.

[160] 高铁梅. 计量经济分析方法与建模——EViews 应用及实例 [M]. 北京: 清华大学出版, 2009.

[161] 魏翔, 虞义华. 闲暇效应对经济产出和技术效率的影响 [J]. 中国工业经济, 2011 (1): 130 – 139.

[162] 张军, 吴桂英, 张吉鹏. 中国省际物质资本存量估算: 1952 – 2000 [J]. 经济研究, 2004 (10): 35 – 44.

[163] 邓冰. 旅游业的集聚及其影响因素初探 [J]. 桂林旅游高等专科学校学报, 2006, 15 (6).

[164] 郝寿义, 范晓莉. 城市化水平、技术创新与城市经济增长——基

于我国 25 个城市面板数据的实证研究 [J]. 现代管理科学, 2012 (1).

[165] 邵帅, 杨莉莉. 自然资源丰裕、资源产业依赖与中国区域经济增长 [J]. 管理世界, 2010 (9): 26 - 44.

[166] Barro, R. Economic Growth in a Cross - section of Countries [J]. Quarterly Journal of Economics, 1991, 106 (2): 407 - 443.

[167] Country Growth Regressions [J]. American Economic Review, 1992, 82 (4): 942 - 963.

[168] Sachs, J. D. , & Warner, A. M. Natural Resources and Economic Development: The Curse of Natural Resources [J]. European Economic Review, 2001 (45): 827 - 838.

[169] Mehlumetal, Mehlum H. , Moene, K. , & R. Torvik. Institutions and the Resource Curse [J]. Economic Journal, 2006, 116 (508): 1 - 20.

[170] Gylfason, T. , & G. , Zoega, Natural Resources and Economic Growth: The Role of Investment [J]. World Economy, 2006, 29 (8): 1091 - 1115.

[171] Gylfason, T. Natural Resources, Education and Economic Development [J]. European Economic Review, 2001a, 45 (4 - 6): 847 - 859.

[172] Papyrakis, E. , & R. Gerlah. Natural Resources Innovation and Growth Fondazione Eni Enrico Mattei (FEEM) [J]. Working Paper, 2004 (129): 4.

[173] Andrew, B. P. Tourism and the Economic Development of Cornwall [J]. Annals of Tourism Research, 1997, 24 (3): 721 - 735.

[174] 王小鲁, 樊纲, 刘鹏. 中国经济增长方式转换和增长可持续性. 经济研究, 2009 (1): 55 - 62.

[175] 许陈生. 财政分权、法治环境与地方旅游业效率 [J]. 旅游学刊, 2012 (5): 80 - 87.

[176] 赵磊. 旅游发展与中国经济增长效率——基于 Malmquist 指数和系统 GMM 的实证分析 [J]. 旅游学刊, 2012, 27 (11): 44 - 56.

[177] 邓伟, 王高望. 资源红利还是"资源诅咒"? ——基于中国省际经济开放条件的再检验 [J]. 浙江社会科学, 2014, 7: 47.

[178] Sundbo J. , Gallouj F. Innovation as a loosely coupled system in serv-

ice [J]. International Journal of Services Technology and Management, 2000, 1 (1): 15 – 36.

[179] Gylfason T. Nature, power and growth [J]. Scottish Journal of Political Economy, 2001, 48 (5): 558 – 588.

[180] 缪蜻晶, 王劲松. 从国际竞争力角度看旅游产业中政府干预的作用 [J]. 旅游科学, 2002 (2): 5 – 8.

[181] 刘玉萍, 郭郡郡. 入境旅游与对外贸易的关系——基于中国2001—2008 年月度数据的实证分析 [J]. 重庆理工大学学报 (社会科学版) 2010, 24 (10): 696 – 700.

[182] 粟路军. 旅游让生活更美好? [J]. 浙江工商大学学报, 2012 (6): 38 – 47.

[183] 戴凡, 保继刚. 旅游社会影响研究——以大理古城居民学英语态度为例 [J]. 人文地理, 1996 (2): 37 – 42.

[184] 刘录护, 左冰. 城市中学生旅游的教育功能: 现象学视野的研究——以广州市某中学学生为例 [J]. 旅游学刊, 2010 (10): 63 – 71.

[185] 阮灶新, 向安强, 王新华. 粤北贫困山区"科教兴村"工作中的科技旅游开发研究——广东清新县旅游资源开发的方向与思路 [J]. 科技进步与对策, 2002 (7): 51 – 53.

[186] 李红波, 李悦铮, 陈晓. 城市基础设施与城市旅游协调发展定量研究——以大连市为例 [J]. 旅游论坛, 2009 (6): 850 – 854.

[187] 孔德慧, 于春雨. 旅游业可持续发展问题探讨——旅游业的外部性及政府干预 [J]. 鸡西大学学报, 2005 (1): 46 – 48.

[188] 刘长生. 旅游产业发展、价格效应及其社会福利影响 [J]. 旅游科学, 2013 (6): 26 – 40.

[189] 徐秀美, 罗明. 旅游产业发展对物价变动影响的计量经济分析——以丽江为例 [J]. 时代经贸, 2012 (9): 55 – 58.

[190] Hjalager, A. M. Repairing Innovation Defect iveness in Tourism [J]. Tourism Management, 2002 (23): 465 – 474.

[191] 孙毅. 资源型区域科技创新的挤出效应: 基于山西的实证 [J]. 统计与决策, 2012 (21): 142 – 145.

［192］Romer Paul M. Endogenous Technological Change ［J］. Journal of Political Economy, 1990, 98 (5).

［193］欧阳欢, 龙宇宙, 邬华松. 海南旅游产业技术集成及示范推广探讨 ［J］. 科技和产业, 2010 (10): 12 – 14.

［194］钟海生. 旅游科技创新体系研究 ［J］. 旅游学刊, 2000 (3): 9 – 12.

［195］李庆雷, 娄思元. 西部地区旅游产业转型升级中的科技支撑——以云南省为例 ［J］. 四川理工学院学报, 2012 (4): 17 – 21.

［196］Gooroochurn, N., & Blake, A. Tourism Immiserization: Fact or Fiction? ［EB/OL］. (2005 – 11 – 12) ［2011 – 04 – 30］. http://www. feem. it/userfiles/attach/Publication/NDL2005/NDL2005 – 143. pdf.

［197］Copeland, B. R. Tourism, Welfare and De – Industrialization in a Small Open Economy ［J］. Economica, New Series, 1991, 58 (232): 515 – 529.

［198］Zeng, D. – Z., & Zhu, X. – W. Tourism and Industrial Agglomeration ［J］. The Japanese Economic Review, 2011, 62 (4): 537 – 561.

［199］赵磊, 毛润泽. 旅游发展、门槛效应与经济增长——来自中国的经验证据 ［J］. 山西财经大学学报, 2013, 35 (12): 69 – 83.

［200］郭显光. 熵值法及其在综合评价中的应用 ［J］. 财贸研究, 1994 (6): 56 – 60.

［201］戴玲丽. 浙江省县域旅游经济时空差异及影响因素分析 ［D］. 杭州: 浙江大学, 2015.

［202］Wong D. W. S., Lee J. Arc View GIS 与 Arc GIS 地理信息统计分析 ［M］. 张学良, 译. 北京: 中国财政经济出版社, 2008: 171 – 197.

［203］李龙梅. 山西省旅游经济发展时空差异与影响因素研究 ［D］. 西安: 陕西师范大学, 2013.

［204］赵磊. 中国旅游经济发展时空差异演变: 1999 – 2009 ［J］. 旅游论坛, 2014 (2): 6 – 15.

［205］李文美. 关中—天水经济区旅游经济发展水平及影响因素分析 ［D］. 兰州: 西北师范大学, 2015.

[206] 田里, 牟红. 旅游经济学 [M]. 北京: 清华大学出版社, 2007.

[207] 黄建山, 冯宗宪. 我国产业经济重心演变路径及其影响因素分析 [J]. 地理与地理信息科学, 2005 (5): 49-54.

[208] 樊杰. 中国农村工业化的经济分析及省际发展水平差异 [J]. 地理学报, 1996 (5): 398-407.

[209] Khadaroo J., Seetanah B. The role of transport infra structure in international tourism development: A gravity model approach [J]. Tourism Man-agement, 2008, 29 (5): 831-840.

[210] Davies S, Lyons B. Industrial organization in the European Union [M]. Oxford: Clarendon Press, 1996.

[211] 高铁梅. 计量经济分析方法与建模 [M]. 北京: 清华大学出版社, 2009.

[212] 苏建军, 孙根年. 中国旅游投资与旅游经济发展的时空演变与差异分析 [J]. 干旱区资源与环境, 2017 (1): 185-191.

[213] Juin-Jen Chang, Lee-Jung Lu, & Shin-Wen Hu. Congestion Externalities of Tourism, Dutch Disease and Optimal Taxation: Macroeconomic Implications [J]. The Economic Record, 2011, 87 (276): 90-108.

[214] 朴松爱. 教育旅游、旅游教育与可持续旅游发展 [J]. 旅游科学, 2001 (4): 40-43.

[215] 赵伟伟. 相对资源诅咒理论及其中国的实证研究 [D]. 西安: 西北大学, 2010.